Alvise Mazzucato

La musica dei Rublëv

Esiti della comparazione tra due versioni del *Rublëv* di Tarkovskij e la colonna sonora di Vyačeslav Ovčinnikov.

ALVISEMAZZ Editore

4

Prima edizione: Agosto 2015

ISBN 978-1-326-36962-0

A mia moglie Rossana

Indice

Introduzione

Titoli di testa e Prologo (Prologue)

Il buffone | Anno 1400

Teofane il Greco | Anno 1405

La Cerimonia | Anno 1408

Il Giudizio Universale | Anno 1408

Andreij Rubliov | Seconda Parte L'incursione | Anno 1408

8

Il silenzio | Anno 1412

La Campana | Anno 1423

La musica dei Rublëv

Introduzione

La presenza di due testimoni

In Italia la *General Video* pubblica nel 2006 un DVD con la nuova versione[1] restaurata e migliorata di *Andreij Rubliov*[2] di Tarkovskij, in ritardo di cinque anni rispetto agli States . Questa copia digitale dovrebbe corrispondere all'originale *RusCiCo* (Russian Cinema Council) approvato da Tarkovskij[3], della durata 185/6 minuti, privata di molte scene di violenza, resa più snella e rifinita, e, a sentire l'autore, senza alcuna perdita rispetto alle precedenti edizioni. Gli americani però, dal 1999, conoscono un altro testimone, un *Andrei Rublev* da 205 minuti, un DVD prodotto dalla *Criterion*, presentato come copia della pellicola proiettata nel 1988 a Mosca, nella retrospettiva dedicata al grande regista russo a due anni dalla morte, ossia una precedente versione del film, recuperata grazie al tecnico di montaggio Lyudmila Felginova[4]. La *Criterion*,

---

[1] Nel 1991, *Uni Video* produce la versione italiana del film in VHS (durata 140 min. dichiarati, in realtà quasi 170 min.).

[2] Titolo riportato nella copertina.

[3] Nella nota intervista, *L'artiste dans l'ancienne Russe et dans l'URSS nouvelle (Entretien avec Andrei Tarkovsky)* con *Michel Ciment* e *Luda & Jean Schnitzer* in *Positif* Ottobre 1969 (109), pp. 1–13 [Pol. trans. *Zygmunt Kwiatkowski* e *Adam Horoszczak* da *Nostalghia.com*] il regista dichiara:

Nobody has ever cut anything from Andrei Rublov. Nobody except me. I made some cuts myself. In the first version the film was 3 hours 20 minutes long. In the second — 3 hours 15 minutes. I shortened the final version to 3 hours 6 minutes. I am convinced the latest version is the best, the most successful. And I only cut certain overly long scenes. The viewer doesn't even notice their absence. The cuts have in no way changed neither the subject matter nor what was for us important in the film. In other words, we removed overly long scenes which had no significance. We shortened certain scenes of brutality in order to induce psychological shock in viewers, as opposed to a mere unpleasant impression which would only destroy our intent. All my friends and colleagues who during long discussions were advising me to make those cuts turned out right in the end. It took me some time to understand it. At first I got the impression they were attempting to pressure my creative individuality. Later I understood that this final version of the film more than fulfils my requirements for it. And I do not regret at all that the film has been shortened to its present length. [...].

specializzata nelle produzione filologica di opere filmiche, ottenne, attraverso la mediazione del regista americano Martin Scorsese, molto stimato a Mosca, una copia e i diritti di questo testo lungo, e lo inserisce nella collana *Director's cut* con il consenso di molti critici ed esperti, tra i quali spicca *Vlada Petric*[5], cattedratico ad *Harvard* e curatore di un *Commentary* e del *Video essay* presenti nel DVD in questione. In conseguenza a tale operazione sostanzialmente di mercato, la copia *RusCiCo* divenne *commercial cut* e alla sua uscita, colpì molto per la tecnica di digitalizzazione[6], ossia immagini molto nitide e precise ed una banda audio sofisticata (in *Dolby Digital* 5.1 per *home-theatre*), ma era opinione comune tra gli appassionati d'oltre oceano ritenere l'esemplare *Criterion* nel suo complesso, l'autentica opera tarkovskiana, paradossalmente contraddicendo l'autore che, come già detto, considerava definitivo il taglio da 185 minuti.

Per giungere dunque ad una comparazione senza pregiudizi, ed in particolare, ad una analisi visiva e musicale obiettiva volta a considerare l'importanza e l'incidenza della colonna sonora in un'opera d'arte filmica, ho scelto di trattare entrambi i testimoni come originali: la copia lunga dei 205 minuti verrà spesso indicata come *Criterion*, ovvero *СТРАСТИ ПО АНДРЕЮ*[7] che nella traduzione inglese suona *The Passion according to Andrei*, riscontrando che il cartello del titolo iniziale non fa riferimento ad *Andrei Rublëv* come invece avviene nella copertina del DVD. Mentre la versione dei 185 minuti verrà citata *RusCiCo*, ovvero come da cartello iniziale, *АНДРЕЙ РУБЛЕВ* che nei caratteri europei occ. suona: *Andreij Rublëv* anche se la cover del DVD *RusCiCo/General Video* è titolata *Andreij Rubliov*.

---

[4] La Felginova nascose la pellicola per quindici anni sotto il letto (cfr. sul sito *Nostalgia.com/The News 2001*).

[5] Vlada Petric è stato sino all'anno 2000 *Professor of Cinema* e *First Curator* degli *Harvard Film Archives* presso la Harvard University. Nel DVD *Criterion* ha registrato due interventi: un *"Commentary"* per ogni episodio e un *"Video-essay"* su Tarkovskij inserito come introduzione e conclusione ad alcune scene del documentario/intervista del 1984 (con domande in italiano) di Donatella Baglivo dal titolo: *Un poeta nel cinema*.

[6] Si veda in *www. nostalghia.com*/news 2001 August 17, 2001: note (link in pdf), che riporta un sostanzioso contributo sull'argomento emerso nel forum della *Criterion*-DVD.

[7] Il primo cartello del titolo in *Criterion* si presenta con scritte in russo, bianche su fondo nero; titolo: *"СТРАСТИ ПО АНДРЕЮ | © 1966 Mosfilm Studios"* e nel sottotitolo inglese appare: ***Andrei Rublev*** *| (The Passion according to Andrei)*

Va detto che una sintesi molto dettagliata e più specificamente musicale di questa mia indagine, dal titolo *La musica di Andrej. L'apporto di Vyačeslav Ovčinnikov nel "Rublëv" di Tarkovskij*, è pubblicata nel volume *Andrej Tarkoskij e la musica*[8] a cura di Roberto Calabretto.

Cenni di telecinema

Prima di entrare nel vivo dell'operazione, credo sia opportuno aggiungere qualche informazione sulle tecniche di realizzazione dei DVD per chiarire le sfasature sulle durate delle inquadrature e la correttezza dell'intera parte audio. Il riversamento in telecinema di una pellicola filmica, ossia la procedura che permette di vedere un film su un qualsiasi televisore[9], grazie all'avvento del DVD e della digitalizzazione, è giunto ad una qualità notevole. La copia *Criterion* è stata trasferita su DVD con il procedimento *3:2 Pulldown*[10] che salvaguarda la cadenza filmica (sia video che audio) dei 24 fps, mentre in quella *RusCiCo*, uscita più di recente, con una parte audio di alta qualità (come vedremo in seguito) ed una video, diremo, più precisa, più godibile nei canoni più recenti di visione in *home-video*[11], si è invece optato per un tipo di riversamento a 25 fps, quello tipico della vecchia televisione, che aumenta perciò lo scorrimento di circa 60/25 di secondo al minuto (2".4 cent. ogni minuto) con la conseguente quasi impercettibile velocizzazione delle immagini, ma pure con l'innalzamento (e velocizzazione) di circa un semitono delle parti musicali e una generale acutizzazione delle voci e dei rumori[12]. Quindi, come osservazione preliminare, la versione americana, è corretta nella sua trascrizione televisiva[13] (pur con notevoli carenze e mancanze

---

[8] Roberto Calabretto, a cura di, *Andrej Tarkovskij e la musica*, Lucca, LIM, 2011 (Quaderni di Musica/Realtà, 58).
[9] Il procedimento che illustreremo è diverso per i monitor dei computer e per gli schermi digitali.
[10] Il *pulldown* è un sistema di riversamento che, attraverso due passaggi successivi completamente digitalizzati (prima rallentando poi aggiungendo dei *fields* duplicati in *interlace*) permette di convertire il *running system* americano NTSC da 29.97 fps a quello normale filmico dei 24 fps.
[11] Tra le altre, con un aspect-ratio 2.35:1 Anamorfico.
[12] Per il sistema televisivo PAL, usato in Europa, la soluzione per evitare queste anomalie, é quella, abbastanza comune, di aggiungere in interlacciamento un *field* duplicato ogni 12 fotogrammi, raggiungendo così la sincronia con il passo filmico.
[13] Audio in mono e *aspect-ratio* 2.35:1

specialmente sonore), mentre la filosofia di restauro russa, pur evidenziando una indiscussa qualità audio (alle volte anche troppo zelante e invadente) e dettaglio nelle immagini, non ha rispettato il passo cinematografico con una conseguente diminuzione delle durate delle scene[14] e di tutto il film ed un vistoso innalzamento «timbrico»[15] particolarmente evidente nelle voci dei personaggi.

Breve cronistoria del film

Nel Settembre del 1964, Tarkovskij inizia a girare il *Rublëv* ed è subito bloccato nel Novembre del 1965 per contrasti con la politica culturale russa di quegli anni. All'epoca, la credibilità del regista si basava soprattutto sulla vittoria del «Leone d'oro» nel 1962 alla «Mostra Internazionale del Cinema di Venezia» con *L'infanzia di Ivan* (la colonna sonora è di Ovčinnikov). Nell'Agosto del 1966, a prodotto ultimato, vennero imposti dal ministero della cultura numerosi tagli in merito alla durezza, al troppo sperimentalismo, evidente negativismo, troppe scene di violenza e di nudo, e come al solito, per ambiguità politica: i film epico/storici, secondo i dettami statali post-staliniani, dovevano nobilitare il duro cammino del forte popolo russo verso l'autodeterminazione e non aprire falle storiche all'insegna del dubbio e dell'incertezza (anche religiosa), tanto più alla vigilia delle celebrazioni del «Cinquantenario della Rivoluzione d'Ottobre». La pellicola, che allora portava il titolo *La passione secondo Andreij* [16], ebbe un'unica proiezione a Mosca per poi sparire dalla circolazione. Due anni più tardi però, nel 1968, con un taglio di circa 15 minuti, viene selezionata per il «Festival di Cannes», ma ritirata all'ultimo momento dai *Soviet* (il Festival fu comunque interrotto dagli studenti universitari in lotta). L'anno seguente, nel 1969, in virtù delle pressioni esercitate dal Partito Comunista Francese, il film ritorna a Cannes, fuori concorso, e nonostante il subdolo boicottaggio che ne programmava la visione alle 4 del mattino dell'ultimo giorno, vinse il «Premio Internazionale della Critica», con grande disappunto delle Autorità sovietiche: le cronache informano che Leonid Brezhnev,

---

[14] Tutte le misurazioni in *RusCiCo* dovrebbero, per questo fattore, essere aumentate del 4% per ottenere l'esatto cronometraggio filmico.
[15] Anche se la leggera velocizzazione produce altezze superiori, queste sono percepite, specie nella voce, in modifiche dei timbri.
[16] Lo stesso titolo della versione *Criterion*

richiesta una proiezione privata, se ne sia andato a metà film[17.] La
dolorosa ma inarrestabile via crucis del film, porta ad una visione
parigina sul finire del '69, contestata dall'Ambasciata sovietica, e ad una
realizzazione strettamente nazionale nel 1971. Infine, *Andrei Rublev*
giunge al «New York Film Festival», nella versione ulteriormente
accorciata di 20 minuti. Perciò, oltre ai due simulacri digitali presi in
esame, esiste una serie di altri testimoni, tra i quali spicca proprio la copia
visionata per la prima volta negli Stati Uniti nel 1973, privata, tra l'altro,
del *Prologo* da Tarkovskij stesso, perché ritenuto incomprensibile dal
pubblico americano e specialmente per la richiesta esplicita avanzata
dalla *Columbia Pictures*, proprietaria dei diritti del film[18], di accorciare il
Rublev di 15 o 20 minuti. Nello stesso anno a Londra, all' «Academy
Cinema», ne troviamo un'altra decurtata di circa 60 minuti[19].

Le sceneggiature

Per completare gli strumenti di confronto, mi sono servito spesso anche
della sceneggiatura scritta da Tarkovskij in forma di romanzo
(*kinoroman*) e tradotta in italiano da Cristina Moroni[20]: notiamo che la
traduzione inglese del romanzo cinematografico di Tarkovskij, messa a
punto da Kitty Hunter Blair[21], non corrisponde a pieno con quella
italiana, nonostante la fonte sia la stessa (Copyright di Larisa
Tarkovskaja, moglie del regista scomparso). Le differenze, che sotto
elenco, non sono molte ma ci sono, e riguardano il «montaggio» del
romanzo, ma pure differiscono nel testo in una breve sezione
dell'episodio *L'estate di San Martino. Autunno 1409*, che in inglese
suona: *10 Indian Summer: Autumn 1409*.

---

[17] Le notizie sulla storia del film, sono tratte dalla presentazione del DVD della
The Criterion Collection, Andrei Rublev, firmata da J. Hoberman. Dettagliate
informazioni anche su M. M. Kastinger-Haslinger, *Der Film "Andrej Rublëv"
von Andrej Tarkovskij.Eine Reflexion unter Einbeziehung filmtheoretischer und
geschichtlicher Aspekte*, Wien, 1998 (oppure link di Nostalghia.com)

[18] A. Tarkovskij, *Diari. Martirologio 1970-1986*, Firenze, Edizioni della Meridiana, 2002.
Annotazione del 6 Aprile 1970.
[19] P. Strick, nell'introduzione alla traduzione inglese della sceneggiatura di *Andrei Rublëv*,
ff, London, London, 1991.
[20] A. Tarkovskij, *Andrej Rublëv*, Milano, Garzanti editore, 1992.
[21] A. Tarkovskij, *Andrei Rublëv*, London, Faber and Faber, 1991.

1) Nella versione italiana il *kino-poema* è chiaramente diviso in due sezioni: *Parte Prima* e *Parte Seconda*, mentre la traduzione inglese è un unico blocco con i vari episodi numerati da 1 a 14.

2) La versione inglese inizia con una *Foreword* seguita da un *Prologue*[22], mentre quella italiana, scorrendo l'indice, sembrerebbe privata dei due preamboli, ma leggendo le prime due pagine dell'opera ci si accorge subito che non sono altro che l'esatto corrispondente della *Foreword* inglese, che descrive brevemente la battaglia di Kulikovo[23], dove Dimitrii Donskoi, Principe di Mosca, sconfigge il Khan tataro Mamai nel 1380, e all'alba, nel campo cosparso di guerrieri uccisi, un cavallo «corre verso il sole» dopo che il suo cavaliere tataro, morto dal giorno prima, cade in fine a terra. La traduzione appare inequivocabilmente tratta dallo stesso originale. Mentre il *Prologue* della versione della Blair compare come prologo senza titolo della *Parte Seconda* della versione italiana, esattamente a pagina 115 e 116. Anche in questo caso la traduzione corrisponde in tutto, fatto salvo che per una frase in più, poco prima della fine, che riporto per intero perché interessante:

«Scorrono i titoli, mentre la cinepresa fa una panoramica sui bianchi tronchi delle betulle.[...]»

I titoli non dovrebbero scorrere di nuovo all'inizio del secondo tempo (se a questo serviva la seconda parte del romanzo) salvo che il romanzo non fosse stato ideato per un film in due puntate. La deduzione logica sembra essere questa: il *Prologo* apriva il film prima della comparsa dei titoli e per qualche ragione è finito nella posizione sbagliata della sceneggiatura.

È dunque lecito ipotizzare che il *kinoroman* originale in russo consegnato a Cristina Moroni fosse diverso da quello messo nelle mani di Kitty Hunter Blair. Un'ulteriore conferma la troviamo nel punto seguente.

3) Nell'episodio *L'estate di San Martino. Autunno 1409*, ovvero *10 Indian Summer: Autumn 1409*, il racconto cambia sostanzialmente per varie pagine nelle due versioni, per poi ricucirsi uguale anche nel testo, verso la fine dell'episodio. Si tratta del parto della demente, che nel film non compare e neppure è vista incinta. Nel libro della *Faber*

---

[22] Si tratta del famoso episodio della mongolfiera che tratteremo più avanti.
[23] Vedi *Introduzione* di Strick, op. cit.

and Faber (da pag.139 a pag.141) è Kirill, riammesso al monastero, che fa nascere il «russian tartar baby» all'interno del monastero stesso traboccante di mele, in virtù della sue varie esperienze extrareligiose condotte nel suo peregrinare nel mondo laico, scagionando così Andrej dal sospetto di esserne il padre. Nella versione Garzanti invece, il racconto è molto più articolato ed esteso (da pag. 144 a pag. 156): la nascita del bambino, sempre «tatarino russo», avviene in un villaggio vicino al monastero di Andronikov, ed il parto è portato a termine felicemente grazie all'aiuto di Dar'ja, una contadina che passava di là con la famiglia, che assieme ad altre, erano fuggite dal loro Signore, cercando disperatamente qualche isola fertile, nel grande mare della carestia. La breve vicenda è incredibilmente ricca di spunti e di descrizioni psicologiche accurate, con un episodio di violenza inaudita su un cavallo ed un'escalation di tensione culminante nel momento in cui le guardie del Signore raggiungono   i contadini e gli intimano di ritornare indietro: i contadini non vogliono ubbidire, circondano i guerrieri e....... avviene il miracolo. Le grida di dolore della demente sul punto di partorire, interrompono la probabile colluttazione, e il pianto del nascituro capovolge in un attimo l'atmosfera della situazione: tutti sono attratti dal mistero della nascita; la demente poco dopo inizia a parlare; Andrei, che ha seguito da fuori la capanna, come un padre preoccupato, tutta la liturgia del parto, sorride per la prima volta dopo il voto di silenzio. La saldatura tra i due racconti distinti avviene nel finale a più riprese: prima una frase «[...] la demente, dopo aver parlato, prende in braccio il suo piccolo e invita tutti al silenzio[...].», poi un 'altra «[...] la demente si guarda in intorno e incrocia lo sguardo di Andrei [...]» e poi, nelle ultimissime righe, i due testi combaciano riportando entrambi alla mente la visione della «[...] cavallina nera impazzita.», la stessa dell'episodio precedente, che, marchiata col ferro della croce rovente nella Cattedrale devastata dai Tatari, trascinava Patrikej e continuava ora la sua folle corsa tra le betulle bianche.

Per chiudere l'argomento sceneggiatura, diremo che, a prima vista, la fonte della versione italiana potrebbe precedere nella stesura quella anglosassone, perché la scelta di ridurre sembra maggiormente in linea con l'andamento generale della produzione. Ma potrebbe anche essere che al dattiloscritto consegnato alla Moroni sia stato aggiunto (forse imposto) un argomento che desse al popolo russo una chiara immagine di forza, di unione, di compattezza e di grande fratellanza con tutti gli oppressi, insomma un tema tipico della rivoluzione che all'epoca caratterizzava tutta la produzione cinematografica di Stato. La vicenda di Dar'ja e dei contadini che litigano tra loro, ma che giungono poi, alla fine, ad unirsi per ribellarsi alle guardie e al Padrone, è l'unica pienamente in linea con i dettami di partito. E ancora, in quel punto il racconto è poco legato a ciò che lo precede, ossia al ritorno al monastero di Kirill/Figliol Prodigo e alla sua integrazione nell'ordine, previo penitenza di copiatura delle Sacre Scritture: dopodiché il personaggio Kirill scompare definitivamente dal capitolo e non si intuisce più la necessità narrativa del suo ritorno al monastero di Andronikov. Nella versione inglese, invece, vi è un andamento consequenziale più omogeneo e coerente, e tutto sembra un disegno della Provvidenza: Kirill, nel suo peregrinare assurdo tra le angherie del mondo esterno, impara cento mestieri, compreso quello del buffone e dell'ostetrico, per cui, al suo ritorno, è in grado di far nascere il bimbo «con gli occhi a mandorla», figlio della violenza ma innocente, e nel contempo sciogliere ogni dubbio sulla presunta responsabilità paterna di Andrej. Tutto il capitolo 10 è quindi imperniato su Kirill, sul perdono e sulle imperscrutabili vie della Provvidenza. La sutura finale tra le due versioni proverebbe che Tarkovsvkij abbia cercato di mantenere il più possibile la prima scrittura, e ciò è avvenuto con successo sia a livello testuale, che a livello di trama (il bimbo deve nascere in entrambe le storie per scagionare Andrej dalla colpa), ma non convince nella funzionalità primaria: in italiano, il protagonista, all'esordio dell'episodio, è Kirill (per 8 pagine e mezzo), ma in seguito è il popolo russo a dominare (per oltre 12 pagine) e in minima parte l'urlo e il miracolo della parola, mentre Kirill letteralmente sparisce; in inglese, i personaggi principali per tutto il capitolo sono Kirill e la Provvidenza, con l'unica pecca che il titolo inglese Indian Summer, dà indicazioni soltanto astronomiche, perché privo del corrispettivo religioso, invece presente e vivo tutt'ora nella cultura popolare dell'Europa centrale, meridionale, Italia compresa, orientale e parte del continente asiatico, ossia della figura di San Martino, perdendo così il riferimento alla devozione dei Santi radicata nella cultura contadina, che interpreta anche le brevi pazzie del clima e della natura umana, e alla quale il regista probabilmente alludeva. Come accennavo sopra, questa ipotesi è inservibile ai fini di una lettura più autentica del film, perché, i fatti qui descritti, in entrambe le traduzioni, vengono quasi totalmente eliminati dalla trama filmica: l'episodio si chiamerà *Il silenzio-1412* (*RusCiCo*) o *The Charity* | *Winter 1412* (*Criterion*): Kirill arriva al monastero, è riconosciuto ed è perdonato; la demente non sembra incinta e i poveri, ospitati dai frati, ritengono che il silenzio di Andrej dipenda dalla espiazione per la possibile relazione peccaminosa con la demente; arriva un gruppo di tatari a cavallo[24] e il capo invita la demente a seguirlo e diventare una delle sue varie mogli, Andrej più volte tenta di trattenerla ma lei si divincola, sputa in faccia al suo protettore, e fugge a cavallo col tataro; Kirill assiste alla scena, si fa riconoscere da *Andrej* e lo rincuora sul sicuro ritorno della demente, ma questi, dopo un attimo di sorpresa ed esitazione, continua a togliere pietre arroventate dal fuoco per metterle nelle botti per la sterilizzazione. Rimane qua e là qualche riga del *kinoroman*, ma tutto è stato reinventato e riveduto nella sostanza. Il legame protettivo e ambiguo tra Andrej e la demente è risolto e interrotto bruscamente e tutta la scena tende ad evidenziare la vittoria dell'attrazione per i beni terreni e per la "carne" sulla rettitudine e sulle privazioni della vita monacale: la scelta filmica per la demente aderisce bene al personaggio.

---

[24]Poco prima dell'arrivo dei tatari a cavallo, compare una sorta di omaggio volutamente antistorico di Tarkovskij al principio della fotografia e del cinema: nel muro bianco interno al monastero, dietro a Kirill, si proietta, per pochi istanti, l'ombra a rovescio di uomini a cavallo, proveniente da un foro sulla tenda di tela grezza che oscura la finestra; Kirill osserva e sembra volerlo comunicare ma è interrotto dalle grida che avvisano dell'arrivo dei soldati tatari.

Titoli di testa e Prologo (Prologue)

Le campane (tubolari) in *Criterion* non suonano.

La colonna sonora di entrambe le etichette, inizia su per giù alla comparsa dei rispettivi titoli, ossia dopo i cartelli[25] della *Mosfilm* e della «Associazione creativa degli scrittori e dei lavoratori del cinema»; solo che in *The Passion According to Andrei* (*Criterion*), inizia, appena prima del primo cartello con il titolo, il *Preludio* strumentale di Ovchinnikov[26] eseguito dai legni (in particolare flauti e oboe, forse anche altri fiati non ben distinguibili), mentre nel *Rubliov* (*RusCiCo*), il medesimo cartello è accompagnato da tre rintocchi (i primi due con raddoppio in eco) di campane tubolari (Fa-Re bemolle-Fa)[27] che precedono il *Preludio*[28] dei legni. Le campane tubolari accompagnano, in secondo piano, tutta l'esecuzione del brano introduttivo e lo chiudono alla ricomparsa finale del titolo. Rilevo che i due preludi, escludendo l'intervento delle campane tubolari, si differenziano leggermente in altri minimi dettagli che fanno supporre a due esecuzioni e/o registrazioni o scritture distinte: il cartello riguardante gli esecutori, ossia «Orchestra del Film di Stato e Coro dell'Unione diretti da Vjacheslav Ovchinnikov», uguale in entrambe le copie, non ci aiuta. Posso solo dire che in *The Passion* compare un microscopico frammento/inciso iniziale non riconosciuto nel *Rubliov*; in quest'ultima versione, però, alla ripresa del tema iniziale, all'*ensamble* a fiato (e alle campane) si aggiunge anche un'arpa (o simile)[29] che ricama il motivo principale, e, al termine del brano, l'oboe tiene l'ultima nota (Si bemolle ovvero La) molto a lungo (come se attendesse il ritorno visuale

---

[25] I cartelli *Criterion* portano scritte bianche su fondo nero, viceversa per *RusCiCo*.

[26] Per una biografia abbastanza puntuale del compositore, rimandiamo al sito http//: *vyacheslavovchinnikov.ru/en/content/*

[27] In realtà, le note reali sono: Mi-Do-Mi (vedi conseguenze dovute ai 25fps precedentemente esposte).

[28] I titoli dei brani musicali che vedremo citati, sono tutti inventati dallo scrivente, per renderne più facile il riconoscimento, e si attende di poter visionare al più presto la partitura originale che, a quanto mi risulta, è ancora inedita nelle mani del suo autore, e poter assegnare così il giusto titolo ad ogni brano della colonna sonora.

[29] L'individuazione degli strumenti non è sempre precisa a causa della qualità del materiale sonoro.

del titolo) prima della ricomparsa delle campane tubolari. La durata dei preludi, senza le campane, è pressoché uguale (circa 2 min.) ed è pensata per accompagnare i titoli di testa, immettendoli obbligatoriamente nel film. Una notizia molto utile riguardo al *Preludio* che accompagna i titoli di testa, viene da Simonetta Salvestroni quando afferma che in una sua intervista ad Ovchinnikov, avvenuta a Mosca nel 2004[30], il compositore le ha confidato che il brano iniziale, è ripreso, assieme ad altri due più corposi che affronteremo in seguito, dal suo *Oratorio per Sergij di Radonež*, scritto precedentemente e non espressamente per il film. Così si spiegano le due diverse registrazioni ed esecuzioni/scritture, una propriamente musicale ed una seconda come colonna sonora, con probabile aggiunta delle campane tubolari a scopo filmico, per rendere più omogeneo e scandire il trapasso dai *Titoli* al *Prologo* e per collegare con un più marcato richiamo simbolico e sonoro, il *Preludio* d'inizio con l'imponente finale per Coro e Orchestra della parte a colori nell'episodio *La Campana*, anch'esso estrapolato dall'*Oratorio* di Ovchinnikov. La presenza delle campane è confermata anche dal CD della *Toei*[31], unico documento specificamente musicale sulla colonna sonora del film, ove il *Preludio* si presenta identico alla versione *RusCiCo*. Ma nonostante la buona qualità del riversamento, la registrazione giapponese rimane un testimonio incompleto e poco attendibile nella parte informativa. Le campane tubolari sono descritte anche nella sceneggiatura desunta del film curata da Franco Vigni[32], che in questa sezione, sembra corrispondere al testo *RusCiCo*.

---

[30]Simonetta Salvestroni, *Il cinema di Takovskij e la tradizione russa*, Bose, Ed. Qiqajon, 2005, pag.30.
[31] *Andrey Tarkovsky*, vol.2, *Andrey Rublyov*, Toei Publishing Co., Ltd., Printed in Japan. Nella copertina del disco le scritte sono in giapponese (allegate) e in russo e tra le poche informazioni purtroppo riguardanti solo il film, non la musica, si intuisce chiaramente che il titolo in cirillico, (tradotto in caratteri occidentali *Andreij Rublëv*), e l'anno «1966» non corrispondono, ovvero, come già dimostrato, alla prima uscita, il film si chiamava *The Passion according to Andrei*. Non ci sono i titoli delle varie tracce ma solo la numerazione (1-15) e le durate. La Toei ha pubblicato vari CD delle colonne sonore dei film di Tarkovskij.
[32] *Andrei Tarkovskij, Andrei Rublëv: Sceneggiatura desunta del film. *, a cura di Franco Vigni, Firenze, Mediateca Regionale Toscana, 1987. Pubblicata in occasione di un convegno internazionale di studi tenutosi a Firenze il 24 e 25 Settembre del 1987.

RusCiCo: un montaggio «musicale».

É lecito osservare che i *Titoli di testa* e il *Prologo* nel testo russo aderiscano con stretta efficacia al dispiegarsi costruttivo dei due brani di Ovchinnikov (il presunto *Preludio* seguito da un *Tema del volo*), ossia che in sede di montaggio finale, la musica abbia guidato il regista per l'assemblaggio dei titoli e delle inquadrature del volo di *Efim*. Ci sono varie coincidenze che potrebbero avvalorare questa ipotesi, meglio applicabile all'*Andreij Rubliov* (*RusCiCo*), intesa come ultima realizzazione sintetica di altre fasi precedenti e tentativi di interazione tra immagini e musica. Per il *Preludio* potremmo supporre una sorta di compromesso o di adattamento impercettibile tra la durata complessiva dei cartelli e del brano originale dell'oratorio, senza che la scrittura musicale, sostanzialmente invariata nei due esemplari, ne venga minimamente intaccata. Mentre per il brano che segue, scritto specificamente per il *Prologo*, noto soluzioni diverse nelle due edizioni. Nell'edizione russa, questo inizia a 2'.51" con le campane tubolari, più vari rumori d'ambiente (crepitio del fuoco, versi di cornacchie, vento costante, voci degli assistenti al volo). L'**inq. 2R**[33] (3'.13") mostra Efim ansimante che rema nella piroga, accompagnato da un inciso di tre note doppie gravi (terza min. ascendente seguita da seconda min. discendente, eseguite su uno strumento a corde, un *cymbalon* o un'arpa o simile). La durata complessiva di questa inquadratura di 13 sec. circa è importante perché si presenta come primo elemento comprovante la dipendenza delle immagini dalla sintassi (inciso, motivo, tema) e logica musicali. Dopo l'**inq.3R** (aiutanti di fretta) di breve durata (6 sec.) con sommessi accenni iniziali sempre alle campane, l'**inq.4R** (3'.33") presenta Efim che scende dalla barca (un rintocco di campane) con l'imbragatura per sorreggersi alla mongolfiera (constatiamo che la tiene con la mano destra sotto e la mano sinistra sopra), raggiunge la facciata della cattedrale (3'.40"); a questo punto risentiamo lo stesso inciso precedente eseguito dai contrabbassi con risposta di note tenute da legni e ottoni (forse oboe e tromba) e ripetuto tre volte nella stessa inquadratura (durata 37 sec.), più

---

[33] D'ora in avanti "R" sta per *RusCiCo* e "C" per *Criterion* ; la numerazione delle inquadrature inizia dal numero 1 in ogni episodio; i cartelli con i titoli non vengono conteggiati; le abbreviazioni tecnico-filmiche sono le stesse usate da Franco Vigni nella citata sceneggiatura desunta del film. È utile il confronto con le tavole crono-fotografiche in Appendice 2.

due nella successiva **inq.5R** (4'.11") con Efim che guarda giù dalla finestra e la m.d.p. lo imita carrellando in avanti, come si sporgesse. Gli spazi tra un inciso e l'altro, sono riempiti principalmente dalle urla della folla inferocita e dalle voci di Efim e aiutante e sono sinora di durata quasi costante, ossia l'orecchio li percepisce come sorta di ostinato. Alla fine dell'**inq.5R** (la folla aggredisce gli aiutanti) però, il motivo si fa attendere, creando aspettativa, attesa, come se avesse esaurito la sua ciclicità. Ma nelle immagini successive, **inq.6R** (4'.26"), dopo 11 sec. complessivi di silenzio, eccolo di nuovo un'ultima volta sincronizzato alle parole, dette tra sé dal contadino volante («Eccomi. Sono qui»), mentre si accinge a spostarsi sul tetto sottostante; a questo punto, scende aggrappandosi ad una fune e pronunciando: «Adesso». Il senso di attesa, di atmosfera pesante, prodotto dall'inciso grave ripetuto, è bruscamente rotto da un forte ed improvviso squillo di ottoni in crescendo preceduto da un brevissimo rullo di timpani. Efim sembra scivolare, e l'urlo del giovane aiutante (nipote) in anticipazione, completa un preciso quadro sonoro assolutamente efficace: sta per accadere l'evento fatto presagire ed è la musica a condurre il cerimoniale. In questo caso, oltre alle immagini (il passo falso sul tetto), anche il testo, il grido lacerante, sembrano tutte coincidenze intonate alla partitura, che sembra procedere integra per la sua strada.

Nel *The Passion according to Andrei* di *Criterion*, l'**inq.3C** corrispondente all' **inq.2R** , con Efim che pagaia ansimando, evidenzia lo stesso inciso (quello dell'arpa o del *cymbalon*) ripetuto due volte e una durata filmica ad esso rapportata di circa 14 sec.; la successiva parte musicale è assente rispetto a *RusCiCo*: l'ostinato/inciso doppio, affidato ai contrabbassi, compare una volta nell'**inq.5C** (**inq.4R**) con il contadino che sosta sulla porta della cattedrale[34], e una seconda nell'**inq.7C** (**inq.6R**) quando il protagonista del *Prologo* sta per scendere sul tetto, parla tra sè (come in *RusCiCo*), afferra la fune, scivola e si rialza. La musica non ha priorità, nemmeno parità, rispetto alle immagini e sono queste ultime a monopolizzare l'attenzione; non se ne deduce la forte componente d'attesa, di ansietà, alimentata dalla parte musicale, che invece anima le sei prime inquadrature del *Rubliov RusCiCo*.

---

[34] L'inquadratura in questione, ossia la **inq.5C** non è la stessa **inq.4R** della versione russa, bensì una ripresa alternativa, nuova; è più lunga (46 sec. contro i 37 sec.) e con diversa traccia sonora.

Ora, di ritorno alla versione russa, l'**inq.7R** (4'.43") mostra il giovane aiutante (bloccato a terra da uomini minacciosi) che invita lo zio letteralmente a «tagliare la corda», e all'**inq.8R** (4'.52"), accompagnata nei primi istanti dalle grida di dolore del giovane, dalle voci eccitate degli astanti e dagli sfiati della mongolfiera che inizia a staccarsi dal suolo, finalmente prende il via anche il nuovo *Tema del volo*[35], che prosegue **nell'inq.9R** sempre fondato sull'inciso delle tre note, ma stavolta a ciclo continuo, più serrato, con intromissioni di suoni tenuti e dissonanti di ottoni e legni, si abbassa e si innalza di grado, come il pallone aerostatico; un leggero climax ascendente di intensità traduce lo stato d'animo, l'aumento di adrenalina dell'uomo volante che ride e ulula, ma l'atmosfera è tenuta lugubre, pesante, incerta: è il presagio della fine obbligatoriamente nefasta dell'avventura di Efim[36], ossia, secondo Tarkovskij, la metafora della creazione artistica, ove chi ha volato (l'artista), deve per forza morire come uomo, per donarsi totalmente alla sua opera[37]. L'**inq.10R** (5'.38"), con Efim appeso e imbragato alla mongolfiera, è introdotta (casualmente ?) da una variante aggiuntiva di ribattimento ritmico (in chiusura delle note tenute di risposta degli ottoni e legni), mantenuta (solo dai legni) anche nell'inquadratura successiva dei cavalli al galoppo (**inq.11R**), e trasformata e addizionata poi, da ulteriori ribattimenti, nell'**inq.12R** (5'.57") mentre il contadino audace, tra le funi, si guarda intorno. Al punto 5'.59" un rintocco di campana[38] sembra avvertirci del passaggio (6'.01") alla nuova inquadratura (**inq.13R**) con la visione di un borgo, una chiesa circondata da ampia cinta muraria[39], forse un convento. Tutto procede simile nella seguente

---

[35] Vedi nota 28.

[36] Cfr. Fabrizio Borin, *Efim e la mongolfiera dell'arte. Un prologo simbolico per entrare nella storia del cinema*, («Arts and Artifacts in Movie-AAM-TAC», Istituti Editoriali e Poligrafici Internazionali, Pisa-Roma, 2004, pp. 41-55) ove si spiega che il tema delle ali e del contadino che vuole volare, può trovare un precedente nel film *Le ali del servo*, di *Jurij Tarič*, del 1926, e successivamente nella figura del monaco volante, *Ariel*, nella sceneggiatura di *Tarkovskij* del 1970, raccolta nei *Racconti cinematografici* (Milano, Garzanti, , 1994). Vedi anche A.Tarkovskij, *Collected Screenplays*, Trad.W.Powell-N.Synessios, London, Faber and Faber, 1999, pp.189-247.

[37] Vedi intervista, *L'artiste dans l'ancienne Russe et dans l'URSS nouvelle (Entretien avec Andrei Tarkovsky)* con *Michel Ciment* e *Luda & Jean Schnitzer* in «Positif» Ottobre 1969 (pg.109), op.cit.

[38] Non presente nella versione VHS *UniVideo*

[39] Tale inquadratura (13R) non compare in *Criterion*.

inq.14R, poi un'altra forte coincidenza: la bella visione obliqua, astratta, del fiume e delle pozze d'acqua che rispecchiano il cielo annuvolato, tra i risolini compiaciuti del protagonista e alle sferzate del vento. Ora, l'**inq.15R** (6'.13") viene turbata al punto 6'.20" dalle note dissonanti tenute di legni e corno (forse, sembra un ottone), alle quali fanno seguito un sibilo decrescente, vistosi rumori di strappo (l'involucro cede) e la voce preoccupata di Efim. La convergenza sonora, attuata in primis dalla parte musicale e assecondata dalla parte rumoristica, conforta l'idea della guida musicale per la scansione e la tempificazione del montaggio. La tensione si accumula sulla brevissima **inq.16R** (1 sec.), prosegue (sempre con soffiate in secondo piano) per gran parte dell'**inq.17R**, sosta con una lunga pausa di silenzio musicale al punto 6'.36", ove il forte sibilo di sfiato del pallone, come in cadenza solistica, passando rapidamente l'**inq.18R** (3 sec.), si dissolve nell'**inq.19R**, sul rintocco di campana, che a sua volta innesca la ripresa delle note lunghe tenute del finale prima del botto e missate al grido ascendente di Efim («Arkhip- Aaahhhh»). Questi 6 sec. di sosta musicale, totalmente coperti dal rumore assordante delle esalazioni d'aria, trova, nella logica della musica da film, una spiegazione funzionale alla sincronizzazione con le ultime immagini della caduta, una intelligente interazione con la traccia rumoristica e con l'evolversi dell'azione visiva.

Nell'*editing* della versione americana *Critrion*, l'avvio del *Tema del volo* è quasi al medesimo istante del taglio russo, ossia alla fine dell'**inq.9C** (**inq.8R**), quando la mongolfiera si alza, ma presenta un diverso rapporto con la colonna sonora, ossia è incentrato sostanzialmente sulla sincronizzazione, senza alcuna interruzione (o pausa) al flusso della musica, della caduta mortale di Efim sull'erba, con il colpo di grancassa (o simile) che chiude bruscamente il brano del volo. Lo stato d'animo di attesa, di presagio di catastrofe, tradotto musicalmente con i suoni lunghi, dissonanti, dei legni e ottoni, la stessa identica soluzione musicale[40] che in *RusCiCo* si posiziona in

---

[40]Dall'analisi comparativa (purtroppo desunta ad orecchio quindi se ne perdoni l'imprecisione) dei due *Temi del volo* (*RusCiCo* e *Criterion*), rilevo che, a prescindere dalle diverse intonazioni e andature (dovute al *runnig system*) e a differenti tarature di missaggio tra musica, voci e rumori d'ambiente, la partitura non è esattamente la stessa, pur mantenendo una somiglianza notevole.

  1) All'inizio del tema, dopo una prima tornata dell'inciso delle tre note dei contrabbassi assieme a note lunghe tenute degli ottoni, lo stesso inciso compare

26

corrispondenza agli strappi delle pelli, al sibilo di fuoriuscita dell'aria (**inq.15R** al punto 6'.20"), trova in *Criterion* collocazione nei pochi istanti prima dell'impatto, ossia inizia a **inq.16C** (esattamente a 6'.54") con la ripresa soggettiva della veduta delle barche sul fiume con alberi semisommersi, e la virata obliqua della m.d.p.. La conclusione del *Tema del volo*, attraverso un ciclo asimmetrico di note ribattute ai legni (**inq.17C** e inizio **18C**) giunge diretta, senza alcuna pausa o sospensione, ai suoni tenuti lunghi in dissonanza che precedono il botto finale (**inq.18C**). Riflettendo in termini di pura musica strumentale, un finale diretto, senza sospensione, visto l'apice del climax ormai raggiunto, è più credibile, più probabile di un finale che, raggiunta la volta, si ferma, si mette in pausa per 6 sec. (come avviene in *RusCiCo*)[41] e riprende il medesimo epilogo stoppato dei suoni lunghi. Diversi sono invece i canoni compositivi della musica da film, che, per sua natura, è concepita per immagini in movimento, è adattabile e malleabile nelle sue articolazioni, per cui è assolutamente plausibile che Tarkovskij, oppure Ovchinnikov, (o un bravo *video-editor*) decida di inserire una lunga pausa di sospensione, come un trattenere il respiro, per far tornare i conti, ossia per sincronizzare lo schianto a terra, il fermo-immagine con il colpo di percussione. Il *Tema del volo*, in virtù di questa sospensione, riesce a far da preciso riferimento temporale e psico-emozionale al concatenamento di tutte le inquadrature della scena della mongolfiera, perseguendo così, anche con gli strumenti sonori, l'obiettivo generale di concentrare al massimo l'attenzione dello spettatore sull'ebbrezza del volare, sul pathos del volo[42], non disperdendola invece sulla trama superficiale della vicenda o su facili associazioni di stampo mitologico.

---

ripetuto 4 volte un tono sotto, quindi risale e in *Criterion* viene eseguito (solitario, senza altre interferenze) 3 volte in più rispetto a *RusCiCo*, per un totale di circa 9 sec. in più di musica.

2) In *RusCiCo* compaiono due rintocchi di campana tubolare ai punti 5'.59" (fine inq. 12R) e 6'.42" (inizio inq.19R)

3) In *Criterion* il *Tema del volo* non ha sezioni di silenzio, procede senza pause sino al colpo finale. In *RusCiCo* , dal punto 6'.36" al punto 6'.42" (in tutto 6 sec.) compare una lunga pausa (dove emerge rumore intenso di sfiato d'aria) prima delle note lunghe tenute dei flauti e legni che precedono il colpo finale.

[41] Vedi precedente nota al punto 3.

[42] Per comprendere l'intenzione esplicita e prioritaria del regista verso il simbolismo del volo, vedi : A.Tarkovskij, *Scolpire il tempo*, Milano, Ubulibri, , 2005, pp 75-76

L'ultima scena rallentata del cavallo che si rotola indifferente nell'erba con il fiume che scorre in secondo piano (**inq.20R**), fa sentire ancora l'inciso generatore (tre note doppie gravi, terza min. ascendente seguita da seconda min. discendente, eseguite su un *cymbalon* o un'arpa), lo stesso dell'**inq.2R** (arrivo in canoa di Efim affannato), con la variante di due rintocchi di campana tubolare (al primo inciso), poi uno solo. La durata dell'inquadratura in questione (**inq.20R**) è di circa 13 sec, la stessa della sua omologa iniziale (**inq.2R**), un'ulteriore conferma sulla diretta corrispondenza tra tempo musicale e tempo di montaggio, il fraseggio musicale delimita quello filmico. Un'altra osservazione è che l'**inq.2R** (seconda in ordine) è specularmente omologa all'**inq.20R** (penultima, seconda dalla fine); l'ordine musicale, la «ripresa» (in termini musicali) dell'inciso generatore, le mette in forte relazione psicologica -la stessa musica accompagna due sezioni visive sostanzialmente opposte (Efim preoccupato rema veloce, ansimando e il cavallo si rotola indifferente al rallentatore)- avviene cioè un procedimento di interferenza, di trasfigurazione nuova tra sonoro e visivo che Tarkovskij ben descrive in *Scolpire il Tempo* a proposito della sua concezione della musica applicata ai suoi primi lavori[43]. Nell'ultima ripresa del *Prologo* russo, ossia l'**inq.21R**, sentiamo, dopo qualche folata di vento (effetto D.D. *surround*), il ribollire (come mediazione di alchimia sonora, fusione tra elementi)[44] dell'acqua del fiume causato dall'aria che fuoriesce dal pallone e al punto 7'.09" l'ultimo rintocco di campana, prima della dissolvenza in chiusura, ove ne rimane, solitario sul nero, l'alone

---

[43] A.Tarkovskij, *Scolpire il tempo*, op. cit., Della musica e dei rumori, pp.145-148. Citiamo il passo:
> L'impiego della musica che sento a me più vicino è quando essa viene usata come il ritornello nella poesia. Quando, leggendo dei versi, ci imbattiamo in un ritornello, arricchiti dalla conoscenza di quello che abbiamo appena letto, ritorniamo alla causa iniziale che ha spinto il poeta a scrivere quei versi la prima volta. Il ritornello resuscita in noi lo stato d'animo iniziale [....] Torniamo, per così dire, alle sorgenti di esso.
> In tal caso la musica, non solo rafforza l'impressione parallelamente all'immagine, illustrando lo stesso pensiero, ma dischiude la possibilità di una percezione nuova, qualitativamente trasfigurata, dello stesso materiale.tuffandoci nell'elemento musicale creato dal ritornello noi ritorniamo continuamente alle emozioni che abbiamo già provato, ma con una scorta rinnovata di impressioni. In questo caso, con l'introduzione dell'ordine musicale, la vita fissata nell'inquadratura cambia il proprio colore e qualche volta è possibile persino che cambi la sua essenza.

[44] Per una interessante sintesi sul tema dell'acqua e del rapporto di essa con gli altri elementi della natura e con i vari personaggi nella poetica di Tarkovskij, vedi: F.Borin, *Il cinema di Andrej Tarkovskij*, Roma, Jouvence, 1989, pp. 23-33.

vibratorio che farà da sfondo al titolo dell'episodio successivo *Il Buffone*, creando un ponte acustico, un richiamo all'unità, tra il *Prologo* e il primo blocco narrativo e formale dell'*Andreij Rubliov*. Le due ultime inquadrature (**inq.20R** e **inq.21R**) evidenziano un collegamento ermetico, diretto, senza «portamento», ma consequenziale; sono slegate secondo logica discorsiva (narrativo/filmica), ma vicine in senso astratto e temporale. La fine di Efim e del suo sogno è implicita alla fine della mongolfiera: attenendoci a questa interpretazione, il cavallo rimane indifferente all'azione, alla morte dell'artista/contadino/uomo volante; una ludica indifferenza simultanea alla tragedia sonora di Efim che aleggia nel «ritornello» del «doppio inciso generatore».

Nel testimonio *The Passion according to Andrei* di *Criterion* invece, ci accorgiamo che il cavallo, dopo il giro su sé stesso, si alza in piedi e corre verso sinistra incontro alla m.d.p. quindi esce di campo, sempre al rallentatore: tutta l'**inq.19C** (corrispondente a **inq.20R**) dura circa **31 sec.**, ossia **18 sec.** in più dell'edizione «commerciale» *RusCiCo* di soli 13 banali secondi, irrinunciabili e imperdibili, a detta del Professor Vlada Petric[45], per non sminuire «il significato poetico dell'espressione cinematografica di Tarkovskij»[46]. Conveniamo che l'**inq.20R** è una costola (in senso biblico) dell'**inq.19C**, ma non ci pare che il taglio, effettuato dall'autore, ne sminuisca la portata artistica. Petric afferma che (siamo all'**inq.19C**): «L'inquadratura del cavallo che cade al rallentatore e nel silenzio più assoluto, inserita dopo la caduta del contadino che vola, rinforza le implicazioni metaforiche della sequenza.»[47] . Obbiettiamo subito che la scena non si svolge nel silenzio totale, ovvero il silenzio è preceduto dalla presenza del solito inciso generatore, questa volta però non ripetuto due volte, ma, stranamente, una sola (teniamo presente che il motivo in questione, è già comparso (eseguito sempre al *cymbalon* o arpa) anche in *Criterion* all' **inq.3C** (Efim in barca, per 14 sec.) e all'**inq.4C** (eseguito da archi gravi) ed è sempre ripetuto due volte; è vero che poi la scena del cavallo è priva di qualsiasi altro commento musicale o sonoro d'ambiente, il che gli conferisce un certo alone di mistero e di tragicità, ma si potrebbe pure semplicemente dedurre che

---

[45]Vedi nota 5.

[46] V. Petric, *Commentary*, « Camera movement and coreography», nel DVD « The Criterion Collection» (1999) op.cit., dichiarazione in inglese presente al punto 7'35" (la traduzione è dello scrivente).

[47] V.Petric, *Commentary*, op.cit., al punto 7'.16"

all'**inq.19C** manchi parzialmente l'audio[48]. Oltre a questo, non ci convince il rafforzamento alle «implicazioni metaforiche», semmai riscontriamo un divergente risultato percettivo e interpretativo: il cavallo è sentito presente nella scena, infatti la sua corsa porterà poi, nell'inquadratura successiva (**inq.20C**), dopo la visione del suo passaggio da sinistra a destra davanti alla m.d.p., a scorgere il corpo di Efim esamine accanto al pallone aerostatico, concludendo sulla mongolfiera che si sgonfia nell'acqua (non ben inquadrata). Quindi le due ultime inquadrature, sono più collegate in senso classico-narrativo e logico, rispetto alle omologhe *RusCiCo*: si vede il corpo del contadino e il cavallo sembra essere attratto dall'accaduto, forse dal botto, va a curiosare intorno, si è accorto che è successo qualcosa e partecipa all'azione, accompagnando noi spettatori sulla scena del crimine, per poi lasciarci. La lettura della scena in *Criterion* (**inq.19C** + **inq.20C**), va all'opposto dell'altra (**inq.20R** + **inq.21R**), nel senso che in *RusCiCo* il cavallo era indifferente alla disgrazia, invece qui, l'interesse dell'animale per l'azione è evidente, e ci sembra un tantino scontata, fondata su convenzioni cinematografiche già superate dal regista all'epoca del *Rubliov*[49].

La colonna sonora registrata nella *traccia 1* del CD Toei, che contiene sia il *Preludio* che il *Tema del volo*, (durata complessiva 6'.49'') è, anche in questo brano, quasi del tutto uguale alla versione *RusCiCo* (non è esattamente la stessa), evidenziando una sostanziosa presenza di campane tubolari, assenti o non ben udibili in entrambi i DVD, e qualche ripetizione di ostinato in più, alla partenza della mongolfiera. Ma nei

---

[48] La totale assenza di traccia audio (sia musica che rumore) avviene altre volte in questa versione, ma quasi esclusivamente in concomitanza dei titoli.

[49] A. Tarkovskij, *Scolpire il tempo*, op. cit., p. 66.La dinamica di quest'ultima scena, richiama vagamente la critica di Tarkovskij alla stereotipia derivante dall'uso di inquadrature parallele nel cinema muto e riportate poi, senza effettiva necessità, anche nel cinema sonoro:
     Nel film di Dovženko Zemljà (La terra), il kulàk spara sul protagonista e, per rappresentare il rumore dello sparo, il regista contrappone all'inquadratura del protagonista che cade, un'altra inquadratura parallela - da qualche parte in mezzo ai campi alcuni cavalli sollevano la testa spaventati - e poi si ritorna di nuovo sul luogo dell'assassinio. Per lo spettatore questi cavalli che sollevano la testa costituiscono una forma mediata per rendere il rimbombo dello sparo.[....]. Una persona, ad esempio casca nell'acqua e, nell'inquadratura successiva , esprimendosi convenzionalmente, "Maša sta a guardare". Il più delle volte non ve n'è alcuna necessità e le inquadrature di questo genere danno l'impressione di una ricaduta nel cinema muto. Si tratta di una convenzione provocata dalla necessità che si è trasformata in pregiudizio, in stereotipo.

punti che maggiormente interessano la nostra analisi (*Efim* mentre sembra scivolare sul tetto, presenza finale del «doppio inciso generatore» mentre il cavallo si rotola sull'erba, pausa sonora di 6 sec. prima dell'impatto al suolo) è del tutto coincidente alla traccia *RusCiCo*, e in verità, ancora più chiara e udibile nei dettagli, specie perché scevra dai rumori d'ambiente e dalle voci dei personaggi.

La sceneggiatura desunta[50] di Vigni, rimanendo abbastanza generica sulla descrizione della colonna sonora, ci informa che la musica termina («Fine musica») all'**inq.20R** (**inq.19C**), con il cavallo che si rotola sull'erba, ma non è ben chiaro se termina all'inizio o alla fine dell'inquadratura. Per il resto, i dialoghi della versione italiana, come i sottotitoli italiani, non collimano esattamente con quelli riportati da Vigni, ma la corrispondenza complessiva con l'edizione *RusCiCo* è evidente.

Per chiudere la comparazione del *Prologo*, affermo che nell'*Andreij Rubliov* di *RusCiCo/General Video*, si riscontra una più fattiva sincronia tra audio e video, una maggior tale da far supporre ad un complessivo montaggio «musicale» della parte iniziale del film, comprendente pure i titoli iniziali ed il collegamento, tramite campane tubolari, al primo episodio. Mentre nel *The Passion according to Andrei* di *Criterion*, pur ammettendo il ruolo di «musica empatica»[51] noto una impostazione generale di montaggio tendente a soddisfare con priorità, la sola necessità di agganciare la partitura con l'inizio del volo e, nel finale tragico, il colpo di percussioni con la caduta dell'artista/contadino, ma che abbandona la musica, nella zona centrale del micro-episodio, ad una funzione accompagnatoria, sì diffusamente cupa, ma poco efficace nel rapporto con l'azione; inoltre rilevo la mancanza di alcune, se pur brevissime, sezioni musicali iniziali nel *Tema del volo*, ed un epilogo fondato su due inquadrature più lunghe ma poco convincenti, di cui una, sicuramente incompleta nella parte audio.

---

[50]F.Vigni, *Andrei tarkovsij, Andrei Rublëv: Sceneggiatura desunta del film*. op.cit.
[51] M.Chion, *L'audiovisione. Suono e immagine nel cinema*, Torino, Lindau, 2001, pp.17-18.

Il buffone | Anno 1400

The Jester | Summer 1400

Un piano-sequenza viene privato della parte iniziale.

Varie sono le differenze tra le due edizioni *RusCiCo* e *Criterion*, e ce ne accorgiamo sin dalla prima inquadratura, completamente mancante nella versione russa[52], ma ci limiteremo a segnalare solo le discrepanze prettamente sonore, laddove riteniamo influiscano profondamente sulla conduzione del film. Dal titolo del primo episodio, si evince che il giullare[53] ne è il protagonista: aggiungo a ruolo principale anche i suoi strumenti, un tamburo a cornice (con legaccio)[54] e il *gusli*[55], una specie di salterio dal profilo campaniforme. Per focalizzare meglio la figura del giullare, o del *gusliar* (suonatore di *gusli*) o meglio dello *skomorochi*[56], diremo che in quel periodo[57] non era visto di buon grado ne' dalla Chiesa Ortodossa, che premeva per una cristianizzazione capillare e riconosceva in lui un continuatore del paganesimo[58], ne' dai nobili e possidenti, in

---

[52] La logica di alleggerimento che guida Tarkovskij nei vari tagli non è solo improntata nel togliere la troppa violenza, ma soprattutto -come più volte ribadito in *Scolpire il tempo* o nelle varie interviste- nel togliere il superfluo, anche quando possa essere piacevole in sé, poetico, ma inutile ai fini della riuscita complessiva dell'opera.

[53] Usiamo il termine «giullare», proposto da Cristina Moroni nella sua eccellente traduzione del kinoroman di Tarkovskij, *Andreij Rublëv* (Milano, Garzanti Editore, 1992, pag. 11), come alternativo al termine «buffone» presente nei sottotitoli italiani del film *General Video* (nella versione americana: «The Jester»).

[54] Cfr. C.Sachs, *Storia degli strumenti musicali*, Milano, Arnoldo Mondadori Editore, 1980.

[55] *Dizionario Enciclopedico Universale della musica e dei musicisti*, diretta da A.Basso, Torino, Utet, 1983, Il lessico, II.

[56] Gli *skomorochi* sono l'equivalente del giullare/buffone medioevale europeo: diffondono la tradizione orale delle *byliny* (poesia epica popolare), raccontano fiabe, satire e canti storici; sono anche saltimbanchi, ma fondamentalmente educano il popolo contadino alla vita giusta, alla libertà, all'ospitalità, alla ribellione: dal punto di vista antropologico, sono sacri o santi, perché la loro origine arcaica è in parte connessa a quella del sacerdote nella ritualità primitiva.

[57] I primi anni del '400 in Russia, visti con gli occhi di *Tarkovskij*, ci sembrano , per varie cause (la chiesa ortodossa, le invasioni tatare e il sistema di organizzazione sociale) molto più prossimi al Medio Evo che non al Rinascimento.

[58] Kirill dirà ad Andreij prima di andare a denunciare il giullare: «I pagliacci

quanto la sua satira si dimostrava un pericolo per la loro stabilità e la loro immagine[59]. È chiaro che il regista si ispira al modello del «musico ambulante»[60], del mago/sciamano della casta più bassa, spesso officiante della liturgia della gioia liberatoria dalle fatiche, dalle tensioni, dalle sofferenze della vita e destinato al sacrificio (d'obbligo per tutte le pratiche oppositive al male), oppure a quello del rivoluzionario ante litteram (abbastanza corretto dal punto di vista storico e tanto caro al regime bolscevico), piuttosto che al clown da circo, al buffone che fa solo ridere e tira a campare. Tarkovskij poi ci rivela i poteri semplici e pratici degli strumenti musicali magici dello sciamano vagante dei poveri, umile ma pur sempre sacro nella tradizione popolare contadina: per esempio il tamburo è per sua natura strettamente saldato al ritmo, e se il ritmo è veloce, frenetico, porta al riso, ad un movimento psico-somatico vitale che guarisce l'apatia e l'immobilismo (i contadini nella stalla/teatro ne hanno bisogno). Ma il tamburo del giullare non produce solo l'accompagnamento ritmico alla canzone: può diventare, in virtù delle capacità tecniche dell'esecutore, una fonte di rumori comici[61], oppure, con la complicità della m.d.p., si trasforma nella finestra di casa ove il boiardo bussa ripetutamente, ma la moglie, che non lo riconosce, gliela richiude in faccia; se lo strumento viene percosso in modo insolito, con la testa, con i piedi, con il sedere, e sempre a ritmo, produce ancora ilarità. Il tamburo e il ritmo quindi, fanno parte della prassi rituale di grado inferiore, diremo terrena, che, assieme alle parole (contenuto, suono e ritmo) ai gesti e al profilo melodico orecchiabile, iterativo, conduce alla gioia, all'allegria. In entrambe le versioni, la scena della performance satirica è la stessa nel sonoro[62], ma non si può dire lo stesso per la parte video. Il giusto epilogo a sorpresa (del viso confuso con le terga perché senza barba) in *Criterion*, che mostra le natiche del giullare con un viso

---

[*skomorochi*] sono creature del diavolo.»

[59] La canzone dal testo performativo prende in giro il boiardo/proprietario terriero: i contadini ridono del padrone e il giullare racconta che è proprio un gruppo di buffoni, minacciati e offesi da un boiardo, tataro e guercio, a vendicarsi e a disonorarlo tagliandogli la barba.

[60] M.Schneider, *Il significato della musica*, Milano, Rusconi, 1979, pp. 69-75.

[61] Quando il giullare si mette la mano sui genitali per richiamare la castrazione che il boiardo augurava a tutti i buffoni, oppure quando mima il colpo di matterello che la moglie infligge al boiardo non riconosciuto, o all'epilogo della vicenda quando si mima il pope che cerca invano il lato giusto per penetrare il povero boiardo creduto femmina.

[62] Solo qualche belato di capretta in più in *Criterion*.

ridente disegnato[63] (**inq.5C** e **inq.7C**) è tagliato in *RusCiCo* (nelle corrispondenti **inq.4R** e **inq.6R**). Questo brevissimo intervento privativo, sembra assumere più l'aspetto del classico taglio censorio bigotto e insensato (forse pensato troppo volgare per un certo pubblico?) piuttosto che dimagrante (solo 1 o 2 sec. in tutto), specialmente perché riconosciamo nel «taglio delle chiappe» [si perdoni la volgarità del topos] una motivata rilevanza testuale e narrativa (in senso anche filmico): la sua omissione in *RusCiCo*, compromette in parte la lettura completa della canzone/rappresentazione/ballo, il gesto conclusivo della performance, priva l'azione visiva del suo apice. Per contro, se la presenza o meno di questo frammento, avesse potuto essere il pretesto per una censura più invasiva, o magari limitare la visione del film a un pubblico più ristretto, non avremmo la minima esitazione nell'approvare in pieno la difficile scelta di rimuoverlo dalle **inqq.4R** e **6R,** se non altro perché, vista nell'ottica del compromesso pragmatico, non intacca pesantemente il messaggio complessivo, il ritmo e la funzione della scena all'interno dell'episodio e di tutto il film.

Vediamo ora la forza concettuale, simbolica, artistica affidata al *gusli* e al suo intervento magico procurato dal nostro *skomorochi*, che non sa solo far ridere ed educare, ma è pure capace di far piangere, commuovere[64] , sa tranquillizzare e consolare (è anche un guaritore). L'intervento distruttivo provocato da un taglio, in prima istanza immotivato ed evidente, dell' **inq.16C** (*long take*) integra in *Criterion*, in due inquadrature , **inq.15R** e **inq.16R** in *RusCiCo*, desta stupore. Oltre alla perdita di circa 28 sec. di pellicola, ci troviamo ad assistere alla

---

[63] M.Bachtin, *L'opera di Rabelais e la cultura popolare*, Torino, Einaudi, 1979, p.410, a proposito della «*....sostituzione del volto con il deretano....*»

[64] Riportiamo un breve passo dall'episodio *Il giullare*. *Estate 1400* dal *kinoroman, Andrej Rublëv*, op. cit. pag. 17:

Per qualche minuto se ne sta in silenzio [il giullare], con gli occhi a terra, poi estrae dal sacco il gusli, si accomoda meglio sul pavimento e comincia a cantare, toccando le corde che vibrano come un lamento. I contadini, che già lo avevano completamente dimenticato, interrompono le loro chiacchiere e si mettono ad ascoltarlo. Il giullare, fissando Andrej con sguardo assente e melanconico, canta un'antica e bellissima canzone. Le sue parole ingenue, semplici, la rendono ancora più triste e pura. Il giullare canta per se stesso e forse per tutti coloro che hanno nel cuore una pena come la sua, o ancora più grande. Il suo sguardo è fisso e insistente, come lo sguardo di chi sa leggere il pensiero, e Andrej abbassa gli occhi. I contadini ascoltano rapiti quella canzone meravigliosa. Kirill osserva pieno di disapprovazione il giullare, i contadini incantati, Daniil e Andrej, anch'essi rapiti dal canto, poi si alza e in silenzio esce sotto la pioggia.

mutilazione di un piano sequenza a 360° nella stalla/teatro(filò) con una pregnante valenza formale e narrativa, sapendo poi che tale tecnica sarà un elemento caratterizzante dello stile cinematografico tarkovskiano. Il piano sequenza circolare del *director cut* dura 1'.24", e, in un flusso continuo di messaggi visivi, conoscitivi, poetici ed emozionali, in un'unica frase, ci mostra l'ambiente dell'azione che si è appena svolta, i personaggi che lo popolano in composizione plastica, le pareti scenografiche della stalla e inoltre, con estrema naturalezza e tranquillità, ci fa capire che Kirill, dal cui primo piano con Andrej inizia la *long take*, terminato il percorso circolare della m.d.p., non è più al suo posto vicino al compagno, ma è uscito e parla con una guardia a cavallo (il finale è visto attraverso la solita finestrella/cornice) per denunciare il buffone. Mi sono convinto che il regista abbia operato coscientemente questa cesura, sacrificando i 28 sec. di ripresa per ricavarne un beneficio più alto. La chiave di comprensione si trova, come nel *Prologo*, nella colonna sonora di Ovchinnikov e nell'utilizzo del *gusli*: terminata la performance sfrenata, il «musico vagante» si siede distrutto (vi è sempre un sacrificio fisico in tutti i rituali terreni), beve e mangiucchia quello che gli viene offerto. Nell'inquadratura successiva (**inq.7R**) un vecchio contadino, un tantino brillo e ancora eccitato dall'atmosfera euforica provocata dallo *skomorochi*, si mette a improvvisare, ballando, una canzoncina sempre irriverente verso il boiardo (il seme ha attecchito), ma nello stesso tempo inizia un canto di donna sommesso, lento e melanconico, extra-diegetico, molto divergente con il clima allegro della stalla/teatro. Il canto mesto, la *Triste cantilena* accompagna tutto l'episodio sino all'inizio dell'ultima inquadratura (**inq.24R**)[65] quando i tre pittori d'icone riprendono il cammino per Mosca, e sullo sfondo, in lontananza, si intravedono tre guardie a cavallo; una quarta a piedi tiene per le redini il cavallo che sembra portare il musico mal concio. Se facciamo bene attenzione, il canto, non diegetico, -nessuna donna o fanciulla è vista cantare- non è mai interrotto, una specie di cantilena ripetuta, ed è solitario, a voce sola (in sottofondo solo qualche parola, folate di vento e sempre, ben udibile, la pioggia interminabile) sino ad un preciso istante (**inq.16R** al punto 13'.23"), quando il «musico vagante» prima accorda, poi accompagna[66]

---

[65] La sentiremo altrove nel film.
[66] Sempre nel *kinoroman* op. cit., pag.19, leggiamo «Il giullare tocca con cautela le corde del *gusli*- prova alcuni accordi e stringe i morsetti. Si sente risuonare una corda, poi una seconda, una terza…. E' bello ascoltare questa musica monotona e un po' stridula.».

con il suo *gusli* il canto che, a differenza degli altri presenti, lui sente, come noi spettatori. Il buffone accompagna con il suo strumento la voce esattamente fino all'arrivo dei gendarmi dentro la stalla (**inq. 20R** al punto 14'.55") e si nota chiaramente che nel momento in cui si interrompe, il canto continua solitario come è iniziato, senza accompagnamento e senza più la pioggia (canta il gallo, esce il sole improvvisamente). Questi indizi ci fanno intuire che le immagini seguono l'ingresso e l'uscita dello strumento, lo rispettano, perché in questa sequenza è la relazione tra la cantilena -inesistente nella realtà (del film non dello spettatore)- e l'accompagnamento del *gusli* -esistente nella realtà del film e dello spettatore- ad essere prioritaria, rispetto all'integrità dell'andamento circolare del piano sequenza. Per sincronizzare l'attacco visivo del *gusli* con l'inizio sonoro dell'accompagnamento strumentale (simile all'arpa), è necessario sottrarre circa 28 sec. alla *long take*, e far combaciare (dopo la scena con la zuffa tra ubriachi, l'arrivo a cavallo delle guardie chiamate da Kirill, e l'ingresso delle medesime nella stalla) la sospensione sonora improvvisa dell'intervento del *gusli*, con l'inquadratura che lo mostra appoggiato sulle ginocchia del giullare, che, visti gli sgherri, smette di pizzicare le corde, lo nasconde dietro a sé, lo tiene occultato dietro la schiena e prima di varcare la porta, lo consegna al contadino, sperando di salvare almeno il suo sacro strumento, dall'inevitabile sacrificio necessario e presagito. Con questa interpretazione, la scena acquista un nuovo valore poetico: immolando la continuità del piano sequenza visivo, si incoraggia però, ovvero si accenna, alla percezione della comunicazione tra il protagonista e il suo strumento con l'aura emozionale segreta della scena, con il canto antico della terra e dell'acqua, attraverso la musica che solo lui, *Andrej Rubliov*, il regista e il pubblico possono sentire.

Nella copia *Criterion* l'integrità visiva (sebbene in qualità generale inferiore alla *RusCiCo*) del piano sequenza è preservata, ma la musica passa in secondo piano e con funzione prettamente accompagnatoria. Come in *RusCiCo*, la cantilena inizia molto debolmente (quasi non ce ne accorgiamo) all'**inq.7C** (al punto 13'.04") prosegue solitaria (alle volte oscurata dalle voci e dalle risa e con poca pioggia e qualche gocciolio) sino all'**inq.15C**, poi all'inizio dell'**inq.16C**, la *long take*, viene accompagna dal *gusli*, ogni tanto scompare per far posto alle voci (proprio quando vediamo il giullare accordare e pizzicare il suo salterio) e suoni d'ambiente (il chiocciare allegro di una gallina sembra contrappuntare la mestizia della melodia); continua accompagnata per le **inqq.17C, 18C** e **19C**, e prosegue nuovamente solitaria in sincronia con l'**inq.20C** (corrispettiva dell'**inq.20R**), dove lo *skomorochi* smette di «tastare» il *gusli*, confermando, in entrambi i testi, la ricerca di concordanza temporale tra immagini e suoni, di interazione tra diegetico ed esterno alla scena, tra musica e azione visiva. Nella versione *Criterion*, non viene sacrificata la tecnica cinematografica, il piano sequenza è intatto, ma è percepito scollato dalla musica. Solo all'inizio dell'**inq.20C**, in coincidenza sfuggente, ci è rivelato che il piano visivo e quello sonoro sono, per lo spettatore, isoritmici anche se apparentemente lontani: il passo, il «piede» della *long take* è quello della melodia e dell'accompagnamento, l'innesto tra poesia e realtà, tra ciò che sentiamo interiormente e ciò che vediamo, è rappresentato dalla visibile sincronia tra il suono del *gusli* che vediamo mentre accompagna la *Triste cantilena* proveniente dall'interiore, dall'anima, dalla Madre Terra. L'audio del *director cut* sembra tener conto solo in parte dell'intreccio poetico e dialogico tra i due linguaggi, e in qualche sezione, sembra non accuratamente bilanciato e missato, specie nei volumi tra banda dei rumori e delle voci, e colonna sonora musicale.

Il CD della Toei riporta, nella *traccia 2*, la triste nenia femminile e l'accompagnamento al *gusli* (durata 7 min.): la registrazione è molto accurata e permette di riconoscere con facilità il timbro metallico delle corde dello strumento popolare[67] ancora in uso oggi in Russia. La parte strumentale corrisponde quasi perfettamente a quella *RusCiCo* (quella *Criterion*, ricordiamo, non si sente per alcuni secondi) fatta esclusione per due note d'attacco (forse per un disguido tecnico dell'audio del DVD) e naturalmente per l'intonazione innalzata dal *running system*.

Qualche curiosità prima di chiudere l'episodio: quando il capo delle guardie rientra nella stalla, si fa consegnare il *gusli*, celato dai contadini, e con gesto cruento lo schianta al suolo (lo strumento deve fare la stessa fine del suo padrone per evitare che possa andare in mano ad un altro *skomorochi*), ho riscontrato due tracce audio diverse; il rumore del legno sfracellato misto al suono delle corde sbattute è ricavato da due fonti diverse. In *RusCiCo* sentiamo pure un leggero sfregamento di corde provocato dal contadino che lo porge di malavoglia alla guardia. Poi, in

---

[67] In termini organologici e filologici, nel XV sec. le corde dovevano essere in minugia, non in metallo, come nella versione attuale dello strumento.

Andreij Rubliov General Video, nella parte doppiata in italiano, la *Triste cantilena* di voce femminile, inizia a **inq.6R** (come in *Criterion*) non a **inq.7R** (nella parte in lingua originale russa). Sempre nella stessa versione italiana, a **inq.14R**, sentiamo due tracce audio vocali che si sovrappongono (sembrano due cantanti) e si sommano per qualche istante all'inizio dell'**inq.15R** sino all'inizio dei dialoghi. Ancora nella stessa versione italiana, scopriamo che nell'**inq.16R**, si sente distintamente il giullare prima «tastare» lo strumento con un accordo, quindi lo si vede iniziare perfettamente in sincronia con la parte registrata (con voci soffuse in italiano).

Una spiegazione alle ultime tre discrepanze è motivata dal probabile recupero o/e restauro del sonoro contenuto nella precedente edizione nella videocassetta italiana *Uni-Video*, quasi del tutto simile nella parte visiva a quella russa da cui deriva, ma con la traccia audio molto confusa, imprecisa, con parecchi sbalzi di volume e *click,* dovuti a giunture di montaggio; di conseguenza la scena in questione non è ben intuibile. Nel VHS, la cantilena vocale inizia come in *Criterion*, ma viene poi platealmente tagliata per la sincronizzazione con l'inizio dell'accompagnamento strumentale del *gusli*. Tutto il primo episodio dura 10 min.e 30 sec., ossia 10 secondi in meno del modello di derivazione russo.

Per finire, seguendo la sceneggiatura desunta[68] di Franco Vigni, leggiamo che la triste nenia femminile inizia all'inquadratura **32** (equivalente alla nostra **inq.10R**) ossia più avanti rispetto ai due testi esaminati. Forse la traccia musicale era leggermente meno udibile e di conseguenza più difficile da riconoscere. Inoltre, non vi è accenno alcuno sull'entrata o uscita dell'accompagnamento del *gusli*, o sul fatto che il giullare suoni o meno lo strumento; il termine della *Triste cantilena* è invece posizionato all'incirca come in *RusCiCo*, alla fine dell'inquadratura **45** (corrispondente all'**inq.23R**).

---

[68] *Andrei tarkovsij, Andrei Rublëv: Sceneggiatura desunta del film*. op.cit., pag.23.

Teofane il Greco | Anno 1405

La Passione secondo Andrea | Anno 1406
Theophanes the Greek
Summer-Winter-Spring-Summer 1405-1406

In *Criterion* un interessante intervento musicale.

L'episodio, nella versione *RusCiCo*, è diviso in due parti, o in due episodi distinti, ossia *Teofane il Greco* e *La passione secondo Andrea*[69]; mentre in *Criterion* ci troviamo di fronte ad un unico lungo episodio, punteggiato da quattro stagioni comprese tra due anni solari. Considerando i due testi come una grande sezione dedicata a Teofane, il maestro bizantino, riscontriamo numerose differenze in termini di tagli più o meno consistenti, la scomparsa di alcune parti, e un posizionamento diverso delle stesse inquadrature, ovvero un ordine di montaggio parzialmente diverso che nell'assieme, però, procede con la stessa scansione, in entrambe le versioni. La trama di riferimento del *kinoroman* aiuta a comprendere la narrazione filmica, spesso non esplicita, che sintetizza e interpreta non alla lettera i seguenti capitoli della sceneggiatura: *La giovinezza. Inverno 1401, La caccia. Estate 1403, L'invito al Cremlino.Inverno 1404* e *La disputa. Estate-Autunno-Inverno 1405*. Entrambe le versioni procedono appaiate sino all'**inq.20**, poi le **inq.21C** e **inq.22C** (ove la **22C** è insignificante e strettamente dipendente dalla precedente) sono tolte dal testo *RusCiCo*, come spiega il regista[70]per la troppa crudeltà: la morte tra i rantoli del cane di Kirill a seguito delle bastonate rabbiose del padrone. A questo punto, l'**inq.22C**, con una dissolvenza incrociata, ci proietta, dall'inverno nevoso, alla primavera in un boschetto con Andrej e l'apprendista Foma che dialogano (**inq.23C**) , mentre la **inq.20R**, con una dissolvenza in chiusura, passa al cartello *The Passion according to Andrei.1406*" seguito dal boschetto in primavera, lo stesso di due righe sopra; ora le due opere si riallacciano per altre 5

---

[69] Nel testimone russo, il titolo è riferito quindi solo ad un episodio, e ci riporta a quello della prima versione del film.
[70] Vedi nota 3.

inquadrature. Per il momento, in entrambi i testi, non vi è stato alcun intervento musicale, solo dialoghi e molti suoni e rumori acquisiti dal paesaggio sonoro. Proseguendo però, in *Criterion*, all' **inq.37C** ovvero **inq.32R,** Foma vede tra i cespugli del bosco, il corpo putrescente di un cigno insanguinato e gli apre un'ala. Le **inqq. 38C** (24 sec.)**, 39C** (7 sec.) e **40C** (9 sec.) sono costituite principalmente da riprese aeree di riflessi sull'acqua[71] e, in minima parte, da alberi e campi; la parte musicale per orchestra (la prima dell'episodio) che le commenta, é molto accurata e in sé compiuta[72]. Queste immagini non compaiono nella versione russa che perde altre 3 inquadrature (sino ad ora 7 in tutto l'episodio di *Teofane il Greco*). La sceneggiatura, la costruzione compositiva e l'orchestrazione del brano che descrive la visione dall'alto[73], fanno pensare al volo di uccelli e alla vicenda della caccia ai cigni (il ritrovamento del corpo insanguinato del grande uccello lo confermano), che fu il primo intervento di asportazione operato da Tarkovskij stesso, in sede di lavorazione iniziale del film[74], motivato dalla troppa somiglianza al vecchio stile cinematografico russo. In *Criterion* quindi, queste tre inquadrature in volo potrebbero essere una sorta di flashback di Foma, spettatore assieme ad Andrej alla brutale caccia, oppure un residuo

---

[71] Secondo Vlada Petric, nel *Commentary*, queste riprese sono intimamente connesse a quelle iniziali del volo di Efim sulle pozze d'acqua e in generale al tipico linguaggio filmico di Tarkovskij, quindi irrinunciabili.

[72] Il brano, della durata complessiva di circa 40 sec., esordisce con un andamento deciso, nervoso, veloce, svolazzante dell'orchestra (legni ed archi che sembrano emettere «versi» e richiami di uccelli con scale rapide in andirivieni, sembrano anche emulati i volteggi dello stormo); poi, quasi all'improvviso, dal *forte*, dopo 16 sec. dall'inizio, su un pedale di ance e fiati e arpeggi leggeri dell'arpa, i flauti e altri legni ripetono 4 volte lentamente una coppia di incisi grave/acuto in successione (richiamo/risposta) e in diminuendo, passando gradatamente da un mezzoforte sino ad un pianissimo sincronizzato con la dissolvenza visiva.

[73] La ripresa aerea sembra corrispondere alla seguente descrizione presente nel *kinoroman* , op.cit.pag.50 «Ha visto [il cigno anziano] la terra dall'altezza del volo del suo stormo, negli squarci tra le nuvole, e le ombre delle nuvole che correvano per i campi gialli e verdi, e i boschi fitti e scuri, e quelli radi e luminosi, con le macchie nere degli incendi e i cerchi chiari come il cielo dei laghi tanto attesi.....».

[74] La fonte è il direttore della fotografia, Vadim Yusov (in M. Turovskaya, *"7 1/2 ili Filmy Andreia Tarkovskovo"* Moscow Isskustvo, 1991 (nella traduzione inglese parziale di Richard Malloy, presente in *Nostalghia.com news 2001*, August 17, 2001), il quale inoltre riferisce che Tarkovskij, all'inizio voleva seguire fedelmente la sua sceneggiatura, e girare tutto, per tagliare in seguito, ossia cogliere prima, per intero, la regolarità del flusso temporale e non pensarla già impostata per un futuro montaggio.

alquanto ermetico sulla vicenda del cigno, innescato o evocato dal gesto di Foma che gli stende l'ala. Senza leggere preventivamente il *kinoroman*, non è però possibile giungere a questa deduzione, visto che la scena materiale della caccia, ben descritta nella sceneggiatura[75], è stata soppressa in entrambi i testi, sia quello americano che quello russo, perché allora non è stata tolta o in parte tagliata, in *RusCiCo*, anche l'inquadratura di Foma ed il cigno morto (**inq.32R**), visto che è priva di correlazioni, di precedenti? E perché in *Criterion*, l'omologa inquadratura (**inq.37C**) è seguita da altre tre molto poetiche (le già citate **inqq.38C, 39C e 40C**) e soprattutto provviste di un godibile intervento musicale (il primo dell'episodio), ma che non aggiunge ancora nulla di utile per la comprensione della scena? Ritengo che la soluzione più plausibile stia nel preciso cambio di funzionalità, di motivazione, delle immagini del ritrovamento del cigno morto rinvenuto dall'apprendista pittore. Premettiamo che non tutto l'episodio de *La caccia. Estate 1403* descritto nella sceneggiatura, è stato omesso: la parte iniziale, con il dialogo nel bosco estivo tra Andrej e Foma[76] corrisponde in entrambe le stesure del film (da **inq.21R** dopo i titoli, a **inq.27R** in *RusCiCo*, da **inq.23C** a **inq.32C** in *Criterion*.) e rispecchia il significato essenziale di tutto l'episodio -comprendendo al suo interno anche *La Passione secondo Andrej* (*Rublëv* e Tarkovskij), con la sua messa in scena composta di cinèmi, sì immaginifici, ma assai più vicini al sentire russo e umano del pittore, attuata con la trasposizione poetica dal Golgota ad un paesaggio invernale russo- ossia un manifesto del processo di creazione artistica, traducibile nella capacità di osservazione esperenziale diretta, ascolto e ricezione della natura, e pura personale rielaborazione costruttiva interiore ed esteriore. Qui si assiste, nel racconto implicito, alla nascita, o alla naturale trasformazione in termini di tradizione e trasmissione, dell'intuizione artistica e della sua realizzazione, distribuita a più livelli tra i protagonisti, Teofane, Kirill, Andrej e Foma, il più giovane, bisognoso di iniziazione. Teofane è vecchio e, come lui stesso afferma, non può cambiare ne' le sue idee, ne' il suo concetto dell'opera; Kirill sa cogliere la scintilla dell'arte ma l'invidia, la superbia e il tornaconto

---

[75] La scena in questione è raccontata da pag.50 a pag.53 del *kinoroman*, op.cit.
[76] Nella sceneggiatura romanzata, op.cit., Kirill segue di nascosto, per un certo tempo, il dialogo tra maestro e discepolo (Andrej e Foma), mentre nel film, ad un certo punto compare Teofane seduto a terra, con le gambe piene di formiche (**inq.33C** e **inq.29R**), Kirill non c'è.

personale lo allontanano dall'impresa sublime; Andrej sa osservare, ascolta l'esperienza e la tradizione ma sa concepire nuove basi, elaborare i principi concettuali nuovi che guideranno la sua idea artistica, diversa dalla pratica bizantina di Teofane, diversa prima di tutto nei presupposti morali e filosofici legati ai dogmi dell'ortodossia arcaica; Foma, nel bosco con i suoi maestri, è distratto e impacciato, non vede nulla di quello che Andrej gli suggerisce, ma una volta solo, da lontano, sa scorgere un cigno insanguinato tra i rovi, si avvicina e lo guarda da vicino, con gli insetti che gli divorano le carni, gli apre l'ala per capire con curiosità come è fatta, ossia sta finalmente assimilando gli insegnamenti empirici del maestro, sta superando il primo gradino dell'apprendistato pittorico dopo quello umile ma necessario, di lavare i pennelli all'insegnante: osservare e ascoltare tutto, la natura, l'uomo, gli animali, da lontano e da vicino. Quindi, se in una prima fase, la scena era probabilmente funzionale alla caccia ai cigni perpetrata dal fratello più giovane del Gran Principe e dai suoi sgherri, ora è recuperata, sul piano connotativo, per la sua nuova veste didattica di crescita dell'allievo. Non è un caso che Foma, nell'episodio de *Il Giudizio Universale*, abbandonerà il maestro alla sua immobilità artistica e incertezza esistenziale, perché pronto e ansioso di mettere in pratica il suo talento. Se questa interpretazione fosse corretta, e dalla lettura analitica della sceneggiatura, dall'ascolto dei dialoghi e dalla visione delle immagini, sembra esserlo in buona parte, la scena del volo e la colonna sonora che l'accompagna, sono molto suggestive e poetiche, ma credo che il regista, a malincuore, con il sacrificio che comporta «scolpire» eliminando anche le cose belle delle proprie opere, abbia deciso di ometterle, in nome della chiarezza, della comprensione e univocità del messaggio principale dell'intero episodio. Nel CD Toei, come nella citata sceneggiatura desunta di Vigni, non vi è traccia ne' di musica, ne' della sequenza visiva del volo, il che sta ad indicare, per entrambi i documenti, la probabile filiazione dal modello *RusCiCo*.

La Passione secondo Andreij:

Le due versioni della *Passione* sono pressoché uguali, in entrambe le edizioni, sia nel montaggio visivo sia nella sincronizzazione con la musica di Ovchinnikov (forse una piccola manciata di secondi in più nell'**inq. 41C** di *Criterion*, rispetto all'**inq.33R** di *RusCiCo*): questo significa, prima di tutto che il rapporto tra musica e inquadrature è intoccabile, funziona perfettamente anche in un clima generale di riduzione. Il testo parlato russo (e italiano) invece, dell'edizione *RusCiCo/GereralVideo*, è leggermente diverso, si muove e termina un po' in anticipo se confrontato con quello *Criterion*[77], con il piacevole effetto collaterale di lasciare più spazio alla musica, alle immagini e al silenzio. Non ci sono rumori o suoni di ambiente in tutta la *Passione*; solo un leggero sciabordio della corrente nelle primissime immagini (**inq.34R** o **inq.42C**): siamo immersi in una dimensione spirituale, non proprio onirica, ma irreale, in una visione immaginaria, una «rappresentazione mentale», per dirla con Vigni[78], priva di riscontri sonori reali, ove la musica invece traduce il paesaggio della sfera emozionale, ma nel contempo racconta l'ineluttabilità degli eventi e dà voce al grande dolore dei personaggi della Via Crucis. Il monologo di Andrej, le immagini e la musica, specie in *RusCiCo*, vivono uno svolgersi contemporaneamente interagente e autonomo, a volte astratto. Si ha la netta sensazione che la scansione filmica sia ben agganciata al fraseggio, alle entrate più o meno voluminose, alternate o simultanee, delle voci maschili e femminili e ai momenti di maggior intensità emotiva (specie in alcuni interventi strumentali, di rinforzo o imitativi) della colonna sonora; non si tratta di una precisa sincronia, ma di un procedere alle volte in lieve anticipo o ritardo rispetto l'azione che viene colto come reazione sintomatica o preludiante la narrazione delle immagini. Questa conduzione quasi autonoma ma convergente della sfera sonora (privata del riscontro rumoristico) e delle sfera visiva (molto realistica e coinvolgente, calata in una ambientazione non originale ma familiarmente russa), porta la percezione delle scene in un ambito fuori dal tempo reale, molto vicino

---

[77] In due brevissimi momenti sentiamo anche la voce di Teofane che interviene e interrompe Andrei, rendendo il racconto più agganciato alla situazione di partenza, ossia alla realtà che precede e segue *La Passione*, cioè Andrei parla a Teofane mentre Foma lava i pennelli e ascolta con attenzione.

[78] Franco Vigni, op.cit.

al procedere lento del sogno (anche se di sogno non si tratta) ovvero di un percorso sacrificale sulla neve, ancora più faticoso e pesante di quella descritta nei Vangeli. E' solo il timpano, con il suo ostinato immutabile, che tiene il ritmo tra realtà e immaginazione, anticipando (sul finale dell'**inq.33R** ovvero **inq.41C**) la voce di Andrej, poco prima della *Passione*, e tracimando imperterrito nell'ultima inquadratura, dopo la crocifissione, alla fine di tutto l'episodio (**inq.46R** o **inq.53C**), lasciando uno strascico, una eco psichica ancora viva della tragedia, nel ritorno alla realtà del racconto filmico (Teofane rimprovera Andrej per ciò che ha detto e Foma ascolta lavando i pennelli) comprovata dalla ripresa dei suoni d'ambiente e dell'acqua[79]. Andrej bestemmia quando afferma che Dio ha sbagliato mettendo tutti gli uomini sullo stesso piano di colpevolezza per la crocifissione del figlio Gesù, compresi quelli che lo hanno sempre amato e seguito sino alla morte; costoro, i più affezionati, sono puniti perché lo hanno considerato come uomo, non come figlio di Dio. Bestemmia ancora quando accusa Gesù di aver abbandonato al loro destino, con un atto «ingiusto e crudele», i suoi fedelissimi, donne e uomini, per volere del Padre. Se l'incessante ritmo del timpano è il suono della morte, della predestinazione, della realtà incontrovertibile, le voci femminili e maschili del coro sono i lamenti di Maria, di Maddalena, degli apostoli e di tutte le donne e uomini che sanno amare, soffrire umanamente e in nessun altro modo. L'ignoranza e la povertà del popolo è la causa del tradimento, e la colpa è di chi tiene il popolo nell'ignoranza, non di chi non sa, lavora e basta e sopporta tutte le angherie pregando: questa gente ha il diritto al perdono. Ecco dunque ipotizzata da *Rubliov* (meglio da Tarkovskij) la nuova missione dell'artista/pittore d'icone: non convertire il popolo terrorizzandolo con la minaccia dell'inferno e del Giudizio Universale, ma ricordargli di essere popolo, unito, solidale, con «un solo sangue, una sola terra», con l'ideale di libertà, non di sottomissione ma di giusta ribellione non peccaminosa se necessaria, di remissione dei peccati, non di sicuro castigo dopo la morte. Questi principi di speranza e amore, sono stati recepiti ed elaborati da Andrej nel convento della Trinità, dagli insegnamenti del suo fondatore, Sergij di Radonež, il principale iniziatore del nuovo

---

[79] Nella sceneggiatura desunta di Franco Vigni (op.cit, pp.38-41), non compare accenno della presenza dei timpani da soli (prima e dopo del «commento corale» alla *Passione*), come pure della mancanza dei rumori di fondo durante la Via Crucis russa e della loro ripresa nell'ultima inquadratura.

monachesimo che si diffonderà in tutta la Russia, e diverrà una tra le maggiori spinte conducenti all'unità del popolo contro l'invasore tataro. Da questa impostazione, la testimonianza[80] che l'intera parte musicale della *Passione* sia stato scelta da Tarkovskij dall'imponente *Oratorio per Segij di Radonež* scritto da *Ovchinnikov* già nel 1958, mi rassicura sulla correttezza di questa lettura e inoltre dà credito alla teoria secondo la quale il brano musicale, preesistente e pienamente rispettato nella sua integrità, sia stato il modello temporale e immaginifico per la costruzione filmica dell'episodio, una trasposizione in immagini di idee musicali. Vedremo in seguito, una situazione identica di filiazione che fa pensare ad *Ovchinnikov* come fonte d'ispirazione non esclusivamente sul piano musicale. La traccia audio musicale *RusCiCo*, pressoché identica alla registrazione del CD Toei (*Traccia 3*), è tecnicamente più attuale e di qualità superiore a quella *Criterion*, e riconoscendo l'importanza dell'apporto sonoro al contesto visivo e ai contenuti del monologo della *Passione*, concludo osservando che, se l'edizione americana si distingue per la fedeltà alla tecnologia d'origine, quella russa, pur intervenendo con un restauro modernizzante, non modifica la sostanza artistica complessiva, semmai la migliora adeguandola ai parametri d'ascolto del pubblico d'oggi, abituato a ricezioni più sofisticate e giustamente valorizza la scrittura musicale di Ovchinnikov nella sua inequivocabile incidenza sul testo visivo.

---

[80] Simonetta Salvestroni, *Il cinema di Takovskij e la tradizione russa*, op.cit..

La Cerimonia | Anno 1408

The Holiday | 1408

Un paesaggio sonoro ambiguo.

Le principali differenze sonore tra le due edizioni sono:

- la maggior presenza e nitidezza dell'intera traccia audio (suoni e rumori del paesaggio sonoro e colonna sonora musicale) in *RusCiCo*,
- la differenza dei volumi nel bilanciamento tra parlati, rumori/suoni d'ambiente e musica,
- la sensazione che in *Criterion* manchino parti strumentali e alle volte anche vocali.

Queste difformità sono importanti non solo per stabilire la buona qualità della partitura di Ovčinnikov, che ne *La Cerimonia* dell'*Andreij Rubliov* russo è veramente godibile nei dettagli e presenta una più stretta relazione strutturale e sintattica con le immagini (in *Criterion*, queste intenzioni di sincronia si intuiscono ma spesso non si percepiscono a pieno), ma soprattutto sono determinanti per il confronto di due possibili sistemi di lettura, di due differenti impostazioni di produzione artistica e conseguente fruizione.

Entrambe le versioni iniziano subito con la colonna sonora (sin dai titoli)[81]. Si tratta di brevi e veloci incisi ripetuti ciclicamente ma con leggeri sfasamenti di accento, asimmetrici e poliritmici, una specie di minimalismo arcaico; gli strumenti, non ben identificabili, sono principalmente a fiato (fiati etnici, a corde sfregate, forse flauti); in *Criterion* sono presenti anche colpi di timpano o tamburo. Alla comparsa delle immagini, dopo il cartello con il titolo, solo in *RusCiCo* sentiamo anche un ricco paesaggio sonoro costituito da uccelli e da acqua che scorre (**inq.1R**) oltre alle voci dei monaci ed accompagnatori; poco dopo, nell'**inq.2R**, rimangono solo i gorgheggi degli usignoli[82] in concomitanza

---

[81] Controllando la sceneggiatura desunta di Vigni (op.cit.,pag.42,) osserviamo che la musica inizia dopo la prima inquadratura dell'episodio (95), quindi l'audio del film descritto, in questo punto non corrisponde esattamente a nessuno dei nostri testimoni.
[82] Sappiamo sin dai più antichi trattati di ornitologia (cfr. Plinio il Vecchio,*Naturalis*

all'ingresso di tremoli (su armonici) e scale glissate ascendenti e discendenti degli archi, quando Andreij fa notare a Foma, che c'è qualcos'altro oltre gli uccelli[83] (anche in *Criterion*, nell'**inq.2C**, avviene all'incirca la medesima sonorizzazione). Dalle **inq.3R** e omologa **inq.3C** (panoramica in C.L. sul fiume con alcuni paesani che portano fiaccole, e quindi Andreij, in M.P.P., non resiste alla tentazione di seguirli), l'intera parte audio prende due strade autonome nel missaggio, nella partitura musicale e nella equalizzazione, pur rimanendo simili nell'aspetto visivo: in *RusCiCo*, parti di violini si sommano con evidenza al canto degli uccelli[84] e alle voci di Andreij e Foma, quindi, preceduto da svolazzi di uccelli bianchi[85], da un nuovo motivo ritmico/ossessivo percussivo seguito da ulteriore ostinato di archi ribattuti, scaturisce un crescente magma sonoro (ottenuto dalla sommatoria di elementi ritmico/timbrici e di maggior intensità) che accompagna il monaco mentre corre seguendo il gruppo dei partecipanti al rito. In *Criterion*, la prima parte dell'inquadratura (**inq.3C**) è caratterizzata da una diversa «prospettiva» sonora[86], ossia le voci sommesse dei pagani sono udibili, mentre la colonna sonora musicale, su frequenze medio-gravi, mette in secondo piano il nascente ritmo delle percussioni, che diventa riconoscibile (tra i versi degli uccelli notturni) solo alla fine dell'inquadratura (quando Andrei corre dietro al gruppo dei paesani). Anche nella inquadratura successiva (**inq.4C**), la presenza sonora maggiore è delle voci dei pagani nudi che ridono e parlano beati, mentre la musica, sempre sui toni medio-gravi, è condotta su un andamento percussivo, sommato a tintinnii di campanelli rituali[87] (o amuleti/collane metallici portate al collo) e da voci

---

*Historia,*10,29,43 [81-85]) che l'usignolo, in primavera, canta per circa 10 giorni anche di notte sino all'accoppiamento: molti riti arcaici primaverili legati alla fecondazione e alla propiziazione, trovano collocazione proprio in questo periodo e il canto dell'usignolo diventa il simbolo sonoro del dio Amore e dell'accoppiamento. Oltre a questo, anche il *kinoroman* parla esplicitamente di usignolo (pag.94 op.cit.)

[83] Il *kinoroman*, op.cit. sempre a pag. 94, cita: « Andrej smette di sorridere. Al canto dell'usignolo si mescola un suono sottile, appena percettibile, che a tratti cessa completamente, per poi riprendere di nuovo, ma così piano che sembra solo un ronzio delle orecchie.».

[84] Il passo nel *kinoroman*, op. cit.,pag.94, potrebbe essere: «Ora comincia a risuonare più forte [il suono del rito], più distinto, e si fonde con l'audace canto dell'usignolo in un duetto stupefacente e arcano.».

[85] L'effetto ottenuto con il surround digitale (5.1) è piacevole ma ovviamente aggiunto.

[86] R.Murray Schaffer, *Il paesaggio sonoro*, Milano, Ricordi LIM, 1985, pp. 217-221, *Prospettiva e dinamica*

corali femminili che intonano un nuovo inciso monodico udibile a malapena. Questo tappeto sonoro prosegue pressoché inalterato sino all'**inq.7C** e **inq.8C**, ossia quando Andrei scorge davanti a sé, una donna che cammina lentamente, completamente nuda (Marfa, la strega): la visione del monaco pittore è sonorizzata da un tremolo ripetuto di archi (su armonici). Le successive due inquadrature (**inq.9C** e **inq.10C**), sono dominate dalle voci ben riconoscibili di Marfa e compagno (sono i preliminari di un amplesso, interrotti, prima, da un formicaio, poi, dalla presenza di Andrei voyer, con la tonaca che prende fuoco): la musica (e le voci) continua con un ostinato ritmico, ma è missata con intensità debole e sempre sul medio-grave.

In *RusCiCo/General Video*, nelle corrispettive inquadrature (**inqq.4R, 5R** e parte della **6R** dei pagani nudi con le torce mentre corrono al fiume ridendo felici), la musica, con la presenza chiara di archi e voci femminili (lo stesso inciso di *Criterion*, ma stavolta ben riconoscibile) e maschili, ha il predominio assoluto dell'intera sequenza e si attenua solo alla comparsa di Andreij (**inq.6R)**, per lasciare spazio al tremolo degli archi (come in *Criterion*) unito al canto di uccelli (nell'**inq.7R)**, in corrispondenza dell'apparizione di Marfa e del successivo M.F. di Andrej mentre guarda turbato i due amanti (**inq.8R)**. Subito dopo la musica riprende ad alta intensità, con lo stesso persistente inciso vocale di quattro note ripetuto da voci maschili, dopo il dialogo (più ridotto che in *Criterion*) tra Marfa e il suo compagno («Dai, mettiti giù.» - «Aspetta»). All'**inq.9R,** ancora una riduzione di volume (ma la musica è sempre ben percepibile) a favore del paesaggio sonoro, e di nuovo emerge sulle immagini della tonaca che brucia all'improvviso (**inq.10R**). Il missaggio *RusCiCo* evidenzia un andamento ondulatorio, che segue, commenta e movimenta le situazioni psicologiche, e, a differenza di *Criterion*, sempre privilegia indiscutibilmente la musica di Ovchinnikov, ben riconoscibile. anche nei momenti di minor intensità.

Ora se prendiamo in esame le due prime inquadrature, ove le due edizioni procedono pari passo, riscontriamo che nel *The Passion according to Andrei* di *Criterion*, la musica dà l'impressione, come avviene anche nel *kinoroman*, di essere presente nella scena, seppur non

---

[87] Nel *kinoroman*, op. cit., pag.95 «[….]il debole vento porta fino alle barche una mescolanza di suoni discordi e seducenti, di tintinnii misteriosi e inspiegabili e di voci lontane.».

vediamo mai chi la esegue: sembra provenga da qualche luogo lontano, dal villaggio, per esempio, eseguita da esecutori-cantanti rituali muniti di corni, tamburi e strumenti ad arco. L'imprecisione della traccia e il volume generalmente basso della parte musicale, contribuiscono a rafforzare l'idea percettiva di lontananza, sin dalle prime immagini, sin dal cartello del titolo. Potremmo sintetizzare che solo il tremolo degli archi (**inq.2R** e **inq.2C**), quando Andrei sente la presenza di qualcosa o qualcuno, e, più avanti quando gli appare Marfa (**inq.7R** e **inq.7C**), si inquadra come commento psicologico (extra-diegetico) alla situazione di tensione: il volume della musica si abbassa, il missaggio mette in evidenza solo gli archi tremolanti e il canto degli uccelli (usignoli e altri notturni) in *RusCiCo*, e delle voci degli amanti in *Criterion*. In quest'ultima edizione americana, sino ad ora, l'orchestra sembra quasi tribale, mancano le parti degli archi, dei legni, i cori femminili (appena percepibili) e maschili; e non si tratta solo di missaggio o di equalizzazione. Quindi, come lettura generale, in *Criterion*, nelle prime 10 inquadrature, la musica è ambiguamente e principalmente parte della scena (orchestra primitiva), è sempre di poca intensità perché lontana, di provenienza segreta; ma è anche commento psicologico (tremolo degli archi) nelle situazioni che richiedono attenzione, in presenza di aumento di tensione: in questo caso è vicina e ben udibile. In *RusCiCo*, se le primissime inquadrature (**inq.1R** e **inq.2R**) sembrano essere sulla stessa via di *Criterion*, da circa la metà dell'**inq.3R** (Andreij segue di corsa i partecipanti alla cerimonia), risulta chiaro che ciò che udiamo, quel tripudio sonoro, non si sente realmente nella scena: l'ingresso degli archi, di parte dell'orchestra classica e del coro, risolvono i dubbi iniziali. Ciò che udiamo è puro commento delle immagini e/o pura sonorizzazione dello stato d'animo e psico-fisico di Andreij, quello che avviene fuori e dentro del protagonista: ecco che i volumi cambiano, sono molto più presenti, perché non si tratta di spazi fisici ma di spazi interiori. Il fluire incessante e ripetitivo del ritmo, oltre che a rispecchiare in alcune sezioni, una probabile ritualità primitiva, antichissima, ha forse la funzione di portare ad una pseudo-trance anche lo spettatore, o perlomeno stordirlo con il magma denso di sonorità, e dimostrare come la musica conservi ancora la potenza fascinatoria che la legava indissolubilmente a tutti i cerimoniali di culto. Se la musica del giullare è maggiormente inscrivibile nell'ambito della magia semplice, che cura e guarisce sconfiggendo le forze del male e della tristezza, quella de *La Cerimonia* è intrinseca al rito propiziatorio, ossia è la musica che nutre il dio, si offre per renderlo più benevolo, mette in comunicazione con la divinità, perché induce alla giusta disposizione psico-fisica necessaria per entrare nella dimensione spirituale del dio. Sembra che Tarkovskij non ci presenti Marfa come la consueta strega, non la maga al femminile, bensì la sacerdotessa campestre, custode e divulgatrice del culto del dio Amore (fuoco), sinonimo di rigenerazione, fertilità, rinascita, che insieme alla Divinità Fluviale (acqua), alla Grande Madre (terra), al Vento (aria), rientrano nel sistema cosmogonico del mondo arcaico, ben vivo e conservato nella civiltà contadina medioevale e rinascimentale non solo russa. Questa sacra figura femminile, oltre che a mettere in crisi la fede di Andreij e a tentarlo con parole e opere[88], darà la libertà e la vita al monaco, senza chiedere nulla in cambio, nella notte dedicata all'amore, andando contro alle decisioni degli uomini del villaggio, intenzionati ad uccidere (sacrificare) il curioso e sacrilego pittore nel fiume. Andrej invece, ad occhi bassi, non muoverà un dito per aiutare Marfa mentre nuota ansimando per sfuggire al rogo, nell'ultima inquadratura dell'episodio (**inq.32R** e **inq.36C**). Ma a quanto pare sarà la Divinità del Fiume a prendersi cura della sua sacerdotessa: la prova è chiara in *RusCiCo* per la presenza del *Motivo del rito fluviale*[89] già sentito a **inq.15R** in concomitanza alla cerimonia di devozione al fiume, ove una canoa scavata nel tronco di un albero, con all'interno un simulacro in canne di una fanciulla[90] con una torcia accesa, probabile reminescenza del sacrificio di una vera fanciulla alla divinità fluviale, viene sospinta e prende il largo, tra due file di donne e uomini, con fiaccole luccicanti e immersi a mezzo busto nell'acqua. La stessa imbarcazione rituale che va a cozzare dolcemente con la canoa dei monaci ferma a riva, mostrando il simulacro favorevolmente consumato dal fuoco, quando, al mattino, Andrej torna dai suoi che lo aspettano (**inq.23R** e **inq.24R**). Tale *Motivo del rito fluviale* affidato agli archi, con un'ampia parabola, accompagna,

---

[88] E' Andreij che vuole sperimentare la tentazione del sesso. Marfa riuscirà comunque ha lasciare dei segni profondi e positivi nelle convinzioni religiose del pittore, che sfoceranno nella negazione del terrore come arma di persuasione e nel riconoscere la forza naturale dell'amore tra uomo e donna.

[89] Vedi nota 28. Si tratta di un motivo ripetuto in continuazione, di quattro suoni trillati eseguito da tutti gli archi.

[90] Il fantoccio di canne ricorda vagamente, tra i tanti miti dedicati alle divinità fluviali, quello di *Siringa* nelle *Metamorfosi* di Ovidio.

in *RusCiCo*, tutta la scena della cattura di Marfa sulla spiaggia e la sua fuga tra le acque salvifiche del fiume (da **inq.26R** a **inq.32R**), riportando alla mente il rito devozionale della fanciulla di canne nella canoa e mettendo in corrispondenza psico-emozionale le due sequenze con il ritorno («ritornello») del motivo degli archi trillati. In *Criterion*, sentiamo all'**inq.11C** (omologa dell'**inq.15R** ma posizionata, in sede di diverso montaggio, prima che in *RusCiCo*) lo stesso motivo trillato (non molto preciso, comunque riconoscibile), ma la scena della cattura e fuga di Marfa (da **inq.28C** a **inq.36C**) si svolge solo con le voci e i suoni/rumori d'ambiente, senza traccia alcuna di musica. Possiamo solo concludere che in *Criterion*, senza la musica, non viene proposta alcuna associazione al rito ora descritto e che l'intervento musicale nell'episodio, si esaurisce nell'**inq.19C** all'arrivo di Andrei, al mattino, nel villaggio dormiente dopo la festività pagana. In *RusCiCo*, dopo l'inserimento di nuove varianti alle combinazioni polimotiviche e poliritmiche strumentali (per es. a **inq.14R,** con la cattura e liberazione di Andreij nella capanna) e diminuzioni aggiuntive alle melodie vocali (giusto tra l'**inq. 15R** alla fine del rito fluviale e l'**inq.18R** del P.P.P. e dettaglio degli occhi di Marfa che guarda appoggiata su una staccionata), la parte musicale di Ovchinnikov sfuma e scompare con Andreij al villaggio e con il canto del gallo (**inq.20R** all'incirca come in *Criterion*) ma riprende, come già osservato, a **inq.32R** con il *Motivo del rito fluviale* sino alla fine dell'episodio.

Nel CD Toei, la *traccia 4* è identica alla colonna sonora *RusCiCo* de *La Cerimonia*, inoltre la *traccia 5*, riprende il *Motivo del rito fluviale*, confermando ancora una volta la soluzione russa. Così pure nella sceneggiatura desunta di Franco Vigni[91], la musica accompagna (l'esordio del *motivo del rito fluviale* è descritto come «(M)Inizio musica, piuttosto agitata») la scena della fuga di Marfa, ma solo dall'inquadratura **121** (corrispondente all'**inq.28R**), ossia due inquadrature dopo rispetto a *RusCiCo*. Questa seconda discordanza sonora[92] con il testo russo, nello stesso episodio, fa pensare ad un audio in difetto, oppure all'ennesima copia dell'opera, comunque ricavata dal modello *RusCiCo*.

---

[91] Op.cit., pp.48-49, inq.121-125.
[92] Vedi nota 77.

Il Giudizio Universale | Anno 1408

The last Judgment | Summer 1408

Ricompare la *Triste cantilena* femminile

Il sonoro de *Il Giudizio Universale* è costituito principalmente, ed esclusivamente in *RusCiCo*, di voci molto variegate: voci di bambini, che ridono e piangono, voci di giovani e anziani, agitate e calme, voci di comando, di arroganza e sicurezza, voci di dubbio e speranza, di terrore e di lamento, voci di lettura e di predica. Gli ambienti, interni ed esterni, accompagnano e amplificano, con la eco e i riverberi, con i suoni naturali del paesaggio, le molteplici prosodie, ne commentano in convergenza o divergenza, la drammaticità, la solennità, la dolcezza. Il vento iniziale, e la pioggia con i tuoni finali, sono gli unici momenti di consistente partecipazione estranea, quantomeno alternativa, all'immenso teatro verbale dell'episodio. In *Criterion*, invece (dal punto 1.33'.43" al punto 1.34'.40"), in corrispondenza dell'**inq.33C**, sino all'inizio dell'**inq.37C**, sentiamo la mesta melodia femminile accompagnata dal *gusli* (o arpa o simile) che ricordiamo aver sentito nel primo episodio del giullare. Nel visivo, si tratta di quattro inquadrature in successione regolare (**inqq.33C, 34C, 35C e 36C**) ove, nella prima vediamo, ripreso dall'alto, un lieve pendio erboso sferzato dalla pioggia, con un tratturo allagato su i due solchi carrai, e tre monaci, in C.L., che camminano svelti cercando riparo; la m.d.p. (sulla gru) si abbassa inquadrando da vicino le fronde di un grande albero (una quercia), come scendesse dalla cima (il sonoro è a tre livelli: la voce della demente, fuori campo che singhiozza, voce di Sergej, in evidenza e fuori campo mentre legge le Antiche Scritture e la triste nenia). La presenza indiscutibile di Kirill e poi di Andrei in P.P.P. (**inqq. 35C e 36C**), e, come si diceva, del canto femminile, confermano con certezza il riferimento all'incontro col buffone. Ma pur rilevandone l'alto valore poetico, non se ne evince con chiarezza il senso. Non vi è alcun dialogo tra i due monaci (il sonoro, dopo aver fatto scomparire il pianto della demente e la voce di Sergej, rimane, nelle ultime due inquadrature, solo con la triste melodia femminile) e ripassando tutto *Il Buffone*, non si trovano possibili agganci, nulla lega queste inquadrature al loro eventuale punto di richiamo. Si intuisce che deve trattarsi di qualcosa che riguarda il rapporto tra Kirill e Andrei, e, sebbene Kirill ricompaia con nuova forza nella seconda parte del film, pentito e pronto a riavvicinarsi all'invidiato Andrei, e che si rincontrerà perfino il buffone, senza lingua ma vivo, non si riesce ora a giustificarne l'improvvisa apparizione nella sequenza in flashback sul finale de *Il Giudizio Universale*. La dinamica narrativa e costruttiva di questo episodio, non è lineare perché già orbita intorno ad una analessi bimodulare, questa volta ben leggibile ed esplicita: la scena ridente con la principessina nel bianco luminoso e rassicurante del nuovo palazzo del Gran Principe e la crudele descrizione dell'accecamento nella cupa boscaglia. Potremmo risolvere il problema semplicemente interpretando la sequenza come un flashback del protagonista, che pensa al compagno mai più visto da tanto tempo, in un momento doloroso di scoramento. Se invece riprendiamo in mano la sceneggiatura, troviamo alcune frasi che ritengo molto utili per la sua comprensione; sono collocate di seguito al rientro di Kirill nella stalla, dopo aver denunciato il buffone alle guardie, e assieme ai due compagni, riprende il cammino per Mosca[93]:

> I monaci avanzano faticosamente per la campagna deserta e gonfi d'acqua. La pioggia cade sferzante e ininterrotta. La strada si è trasformata in un torrente torbido e impetuoso. In lontananza, attraverso la cortina di pioggia, si intravede un albero solitario. I monaci si dirigono da quella parte e qualche minuto dopo si fermano sotto la giovane quercia dalle foglie lucide e dure. Vicino al tronco il terreno è quasi asciutto.

La descrizione delle immagini calza molto bene, tutti gli elementi collimano: la pioggia sferzante, i monaci per la campagna, l'albero solitario che serve anche da riparo (probabilmente anche per il corvo che Kirill accarezza). Continuando la lettura, ascoltiamo Daniil che racconta l'episodio del sacrificio (taglio della coda dei capelli) delle donne moscovite per evitare a tutti gli abitanti della capitale la furia devastante del saccheggio dei tatari vincitori. La vicenda però non appare in nessuna delle due pellicole nell'episodio *Il Buffone*: vi è solo un accenno nell'accorata discussione tra Andrej e Teofane[94] poco prima della scena della *Passione*. Si suppone che, nelle prime fasi di lavorazione molto fedeli al *kinoroman*, come testimonia il responsabile della fotografia, Yusov[95], questa storia del sacrificio delle donne, fosse presente. Il senso

[93] A. Tarkovskij, *Andrej Rublëv*, op.cit., pag. 20.
[94] Vedi episodio *Teofane il Greco | 1405* inq. 41C o inq. 34R, subito prima della *Passione*.

veritiero del racconto (al quale sembra abbia assistito anche Andreij da giovane) è molto legato al tema della santificazione della donna, che pervade profondamente tutta la seconda parte de *Il Giudizio Universale*: basti pensare alle Sacre Scritture lette da Sergej, alla demente, alla conclusione gioiosa di Andreij che finalmente comprende l'insensatezza delle regole ataviche, punitive nei confronti di tutte le donne e di chi specialmente, vivendo nell'ignoranza, non può avere colpe. Anche in questo caso, solo il lettore della sceneggiatura-romanzo, potrebbe riuscire a dare un senso compiuto al flashback, ossia a mettere in relazione le letture del piccolo Sergej, con il racconto del sacrificio delle donne moscovite avvenuto sotto quella «giovane quercia» in presenza di Kirill. Due sono i fatti veramente curiosi: il primo è che troviamo, stavolta in *RusCiCo*, le stesse quattro inquadrature, con la stessa musica che le accompagna (senza la voce di Sergej e senza il pianto della demente) molto più avanti, nell'episodio *La Campana. 1423-1424* nelle **inqq.23R, 24R, 25R e 26R**, sempre come flashback prima sonoro, già a **inq.22R**, e quindi visivo, ma con differente lettura interpretativa, forse più convincente e decifrabile. Il secondo è analogo e parzialmente uguale, ma in *Criterion*: nello stesso punto dell'ultimo grande episodio *The Bell. 1423-1424*, ritorna ancora un flashback (**inq.23C**), questa volta con una sola delle famose quattro inquadrature, quella dell'albero da lontano (**inq.34C** de *Il Giudizio Universale*), più lunga del solito, ma sempre con la *Triste cantilena* accompagnata che riconduce ancora al giullare, ossia come ri-citazione sonora (il suo precedente flashback di appartenenza era, a sua volta, citazione sonora della nenia femminile ne *Il Buffone*) e citazione di immagini (sempre l'**inq.34C** de *Il Giudizio Universale*). Approfondiremo al momento opportuno questo diverso ordine e difformità di montaggio.

Tirando le somme dell'episodio *Il Giudizio Universale*, solo in *Criterion*, compare una sequenza di 4 inquadrature (**inqq.33C, 34C, 35C e 36C**) ove la musica ha un forte valore mnemo-evocativo, è necessaria per poter collocare i personaggi in un ambito temporale ed emozionale simile al già vissuto, ma non uguale, per effetto della trasformazione che subisce e produce, sia nel tempo reale che nel tempo filmico, nella percezione del *déjà vu* o come citazione sonora. Ora le ipotesi interpretative sono due o tre: Andrei ha un ricordo che lo porta indietro

---

95 Vedi nota 74.

nel tempo, quando era con Kirill, all'epoca dell'incontro con il giullare, perché la musica ce lo suggerisce, ma non si spiega con certezza l'hic et nunc, questo posizionamento nel montaggio *Criterion*, assente in *RusCiCo*, o meglio, assai posticipato (quasi alla fine del film); solo la lettura della sceneggiatura può darci delle motivazioni   convincenti. L'altra conseguente ipotesi è che nel testo *Criterion*, nel *director cut*, manchi all'appello forse una o più inquadrature necessarie a far associare il ricordo di Kirill, all'epoca del giullare (perché la musica non può essere casuale), al testo delle Sacre Scritture letto da Sergej e alla demente (facilmente inseribile nel contenuto della lettura sacra), ossia potrebbe essere sparito, per qualche motivo a noi oscuro (tagliato, perso, omesso, dimenticato, ecc.), il link che ci avrebbe evitato il ricorso al *kinoroman* per l'interpretazione sicura della sequenza; oppure il flashback, privato a posteriori e in coscienza di sezioni che lo motivavano (per questioni di riduzione generale), sostava nella posizione originaria ma di naufragio, in attesa di ulteriore e/o diversa sistemazione, come effettivamente è avvenuto in *RusCiCo*. Ci sembra comunque che la citazione di una citazione corra il rischio di essere interpretata come ripetizione o come *leit motiv* e non ci pare che, ne' Tarkovskij, ne' Ovchinnikov, ne facciano uso in questo film.

Andreij Rubliov | Seconda Parte
L'incursione | Anno 1408

The Passion According to Andrei | Part Two
The Raid | Autumn of 1408

Eliminazione degli eccessi di violenza in *RusCiCo*.

La seconda parte si apre con il quinto Episodio (o sesto se si conta anche *La passione secondo Andrej*), il più cruento, il più affetto da «naturalismo»[96] di tutto il film; *The Raid*, ovvero il testo *Criterion*, ci mostra al dettaglio una scena di crudeltà verso un cavallo, l'animale simbolo del popolo russo. Quello che stupisce maggiormente è che si tratta di reale violenza, non di finzione o trucco: il povero quadrupede, prima, cadendo da uno spalto, si spezza le gambe, quindi si rialza, stramazza di nuovo a terra di schiena dopo una capriola all'indietro, infine, sanguinante, viene trafitto al cuore con una lancia, tutto in diretta (**inq.48C**, durata 44"sec.circa). Il regista si giustificò informando che il cavallo era stato acquistato al macello, ed era quindi destinato a morte certa di lì a poco; fatto sta che molte associazioni animaliste americane non vollero sentir scuse e protestarono pesantemente[97]. La scena in questione, come quella della mucca in fiamme (**inq.28C**) che corre all'impazzata (vera o finta?), non compaiono in *RusCiCo*, e crediamo sia un giusto ripensamento ed un atto di civiltà che supera qualsiasi motivazione artistica. Tarkovskij probabilmente si accorge che l'impatto visivo di molte altre sequenze presenti ne *L'incursione* è così violento da comprometterne la comprensione[98], così interviene con scrupolo e

---

[96] A.Tarkovskij, *Scolpire il tempo*, op.cit., pag 169: «Perciò, in realtà, è privo di senso parlare, a proposito del cinema, di "naturalismo", parola che i critici (per lo meno quelli sovietici) usano come un'ingiuria, definendo "naturalistiche" le immagini, a loro modo di vedere, troppo crude (una delle principali accuse mosse all'*Andrej Rublëv* fu, appunto, quella di "naturalismo", ossia di gusto immotivato ed estetizzante per la crudeltà.»

[97] Notizia ricavata da *nostalghia.com*/news 2001   August 17, 2001: note (link in pdf), vedi nota 6.

[98] Vedi nota 3, intervista cit. « We shortened certain scenes of brutality in order to induce psychological shock in viewers, as opposed to a mere unpleasant impression which would

coscienza, ed è l'unico che può farlo senza fare danni, senza tradire sé stesso e la sua opera. In un caso, ci sembra giusto rilevarlo, visto l'ambito della nostra ricerca, il regista é intervenuto su un sonoro troppo crudele, piuttosto che sulle immagini. Siamo alla tremenda e particolareggiata sequenza della tortura di Patrikej[99], il sacrestano, inflitta dai tatari per fargli rivelare il nascondiglio del tesoro della Cattedrale dell'Assunzione. La scena inizia di fatto con la parte audio, le urla di dolore del *Pope* (fuori campo) a **inq.56C** (corrispondente all'**inq.50R** ridotta, ma con più dialoghi dei torturatori in sottofondo) giustapposte alla visione in dettaglio della Vergine Maria nell'affresco della "Natività di Cristo" e al dialogo tra il Khan e il Giovane Principe. Prosegue a **inq.57C / inq.51R**, con la croce arroventata[100], il torturato, tra i lamenti, messo in verticale, riconosce il Principe e viene ustionato al volto con una fiaccola, prosegue ancora a **inq.58C / inq.52R** con le urla più disperate di Patrikej (fuori campo) mentre il Principe minore (in M.P.P.) osserva e ricorda (la lampada dietro che penzola magicamente esce di campo, quasi un avviso dell'imminente passaggio alla dimensione del ricordo). Qui parte l'ultimo flashback del Principe traditore (ne parleremo in seguito) per altre 5 inquadrature (**inqq.59C, 60C, 61C, 62C e 63C / inqq. 53R, 54R, 55R, 56R e 57R**), poi riprende la tortura con il bendaggio (utilizzato per far sopravvivere più a lungo la vittima tra i tormenti) dell'**inq.64C / inq.58R**, che si svolge in un clima di calma apparente anche sonora (il sagrestano parla e si lamenta a bassa voce), ma che in realtà, assieme alle **inqq.65C, 66C e 67C / inqq.59R, 60R e 61R,** ha la funzione di attenuare la tensione, prima di sferrare l'ultimo colpo a sorpresa di crudeltà psichica allo spettatore, quando la pece bollente viene fatta ingurgitare al condannato. All'**inq.68C**, che inizia col dettaglio del mestolo con il liquido nero fumante, vengono sottratti 3 o 4 secondi di pellicola contenenti il gorgoglio atroce della pece versata nel cavo orale di Patrikej: l'**inq.62R** e **63R** derivano quindi dal frazionamento imposto dall'omissione volontaria di un «verso» troppo vero, ossia così vicino alla realtà udibile immaginabile, così «fattuale», al punto di fare violenza sul pubblico, rischiare di convincerlo sull'assenza di finzione, annullando

---

only destroy our intent.».

[99] Questo personaggio, impersonato dal famoso clown Yuri Nikulin, lo avevamo già incontrato tra le prime lunghe inquadrature de *Il Giudizio Universale*, quando si arrabbia con i pittori per la lentezza dei lavori (inq.2C o inq.3R).

[100] Descritta anche nella sceneggiatura romanzata, op. cit., pp. 128,129 e 130.

anche quel minimo velo di distacco, di protezione, necessario a mantenere chi guarda fuori dal tempo e dallo spazio filmico. Potremmo concludere riconoscendo al regista, in *Criterion*, la riuscita effettiva, l'ideazione della ricostruzione realistica della tortura, che vede, anzi, sente il suo apice nel tremendo gorgoglio, ossia la capacità di immaginare e adoperare l'incidenza dirompente, anche negativa, del suono in tutte le sue forme, nella psiche umana, ma approviamo anche il rispetto dei limiti etici, in *RusCiCo*, che impongono all'artista di non esagerare, di controllare gli effetti della sua opera sullo spettatore e smussarli quando questi, superando oggettivamente le aspettative, ne ledono invasivamente la sensibilità e ne oltrepassano la soglia emotiva.

La musica del ricordo.

Le numerose censure apportate qui e là, anche di lieve entità, allo scopo di rendere meno aggressivo l'episodio e la tendenza generale a ridurre l'intera durata dell'opera, hanno senz'altro inciso, direttamente o indirettamente, sulla continuità e l'integrità della parte musicale. Abbiamo l'impressione che tutta la partitura originale della colonna sonora dedicata ai ricordi (e non solo) del Giovane Principe, sia stata maltrattata in *RusCiCo*, messa come accessoria, quindi tagliabile come un qualsiasi spezzone banale di pellicola; d'altronde ciò che nella musica d'arte sarebbe inaccettabile, specie se non attuato dall'autore, nella musica da film, per quanto artistica sia, le modifiche o le mutilazioni, se fatte bene, se non se ne sente la mancanza, sono accettate anche dal musicofilo. Purtroppo, senza metter mano alla partitura, non si può esserne certi al cento per cento, ma tenterò, col metodo del confronto, di provare che *The Passion According to Andrei* di *Criterion*, nell'episodio *The Raid*, contiene una colonna sonora più ampia e che le immagini, spesso, vi aderiscono intenzionalmente, facendo ipotizzare un progetto iniziale orientato alla sinergia con il musicale e non di totale dipendenza dal visivo. Premesso che il montaggio filmico dei ricordi è diverso tra le due edizioni, e che una prolessi mossa dal desiderio, più che un atto di memoria del Fratello Minore (vedremo tra poco in che punto), è riportato solo in *Criterion*, non in *RusCiCo*, prendiamo in considerazione il primo flashback, che compare ufficialmente pressoché alla stessa inquadratura, ossia **inq.12C / inq.11R;** ma già nelle precedenti **inq.11C / inq.10R,** la musica ci avvisava del suo arrivo (molto chiara in *RusCiCo*). Si tratta di un brano corale, senza parole, solo vocalizzato, ma di sapore mistico-ortodosso, a forte componente maschile, non esclusiva. Dicevamo, il ricordo inizia con la cavalcata nella neve e arrivo alla chiesa di S.Dmitrj a Mosca[101] **(inq.12C / inq.11R)**, poi il gruppo, capeggiato dal Giovane Principe, si ferma vicino al muro esterno della basilica, questi scende da cavallo, e guarda dalla soglia all'interno dell'edificio sacro, illuminato dalle candele, ove vari prelati e il Metropolita aspettano l'arrivo del Gran Principe suo fratello **(inq.13C / inq.12R)**. Le immagini e la musica procedono a pié pari nelle due versioni: la musica sosta su una nota tenuta, una specie di cadenza sospesa, che potrebbe alludere ad una prima conclusione; infatti in *Criterion* le immagini escono dal flashback e riconducono al Principe Minore e al khan tataro a cavallo che rimirano le mura di Vladimir poco prima dell'attacco. Stranamente, solo in *RusCiCo*, questa prima sezione musicale, ha in sottofondo dei suoni di guerra[102], continui, prodotti da uno o più strumenti difficilmente riconoscibili (sembra una corda sfregata ma potrebbero anche essere dei fiati, tipo trombe) che avevamo sentito, assieme al rullare di timpani, in corrispondenza dell'imponente avanzata al galoppo degli eserciti russo e tataro[103]. Questo potrebbe sottolineare la coesistenza di due livelli diversi e simultanei di percezione acustica; il Giovane Principe ripensa a quei momenti passati, non li racconta al khan, ma è sempre presente all'azione, è fisicamente nel campo di battaglia. Tale deduzione sancirebbe, in termini puramente simbolici e non assoluti, un'ulteriore discriminante sonora tra la dimensione analettica e la dimensione onirica, nonché dell'immaginifico astratto, ove solo musica , o la parola sublime, sonorizza le immagini e le sensazioni interiori: oltre la musica, oltre le poche frasi significative, solo il silenzio, senza presenza alcuna di rumore comprovante l'ambiente spazio-temporale della normalità degli eventi. Il ricordo fa parte dell'interiore, sono immagini ed emozioni della memoria in stato di veglia, quindi non è sogno; non è l'immaginazione pura, vivificata da idee ed emozioni prodotte dalla fantasia; quindi esso si

---

[101] L'indicazione é ripresa dalla sceneggiatura desunta di F.Vigni, op.cit., pag.66, inq.**177** (corrispondente a **inq.11R/inq.12C**).
[102] Nella sceneggiatura desunta di Vigni, op.cit. non si fa accenno a queste sonorità, probabilmente poco udibili tra lo scalpitio dei cavalli. Mentre la traccia 6 e 8 del CD Toei lo riportano molto chiaro, isolato dai rumori e dai dialoghi.
[103] Il *kinoroman*, op.cit., pag. 121, dice : « Il battito degli zoccoli si confonde in un rombo possente, [...] ».

colloca in una posizione intermedia tra reale e irreale, che viene qui rappresentata da immagini, scarne ed essenziali voci e rumori (che solo il Principe Minore vede e sente, ovvero ricorda), musica vocale senza parole, solo vocalizzata (che potrebbe ambiguamente e materialmente anche scaturire da dentro la chiesa)[104], e il simbolo sonoro della realtà circostante effettiva (il suono delle "trombe di guerra"[105], sentito assieme al coro, non il rumore reale dell'attacco, ma il suo simulacro uditivo registrato nella memoria degli spettatori).

Ma procediamo con il confronto: *Criterion*, dicevamo, seguendo la cadenza sospesa della colonna sonora, approfitta per tornare all'attacco di Vladimir, mentre in *RusCiCo*, continua il ricordo. Alla brevissima **inq.13R**, che mantiene la nota tenuta della cadenza sospesa su un P.P. del Giovane Principe, segue l'**inq.14R,** che sincronizza la rapida discesa da cavallo di due scudieri e l'improvviso girarsi e abbassare il capo del Giovane Principe (in M.P.P.) con l'attacco forte di un nuovo episodio corale. L'**inq.15R**, corrisponde all'arrivo del Gran Principe, che si avvicina al fratello, gli mette un braccio sulla spalla e insieme si inchinano al cospetto del Metropolita, in attesa sulla porta, che li guida all'interno della cattedrale. La musica fa seguire, al forte iniziale, un abbassamento del volume mentre il Gran Principe, con fare sicuro, avanza verso il fratello, quindi presenta i due livelli sonori descritti precedentemente, uno riferito alla realtà dell'incursione, stavolta con rullate di timpani in alternato e graduale aumento, l'altro, più stabile, corale, che all'apice di un nuovo motivo caratterizzato dall'ingresso di acuti femminili, in sincronia con l'avvenuta entrata dei Principi in S.Dmitrj, si mescola e fonde con il crescendo dei timpani e le «trombe di guerra», riportandoci bruscamente, tra nitriti e scalpitii di zoccoli, al P.A. del Principe tataro e del Giovane Principe, nello scenario dell'incursione e nella realtà degli eventi ora vissuti (**inq.16R)**. Pur riconoscendo che la trasformazione in rapida dissolvenza incrociata sonora delle voci sacre in squilli di guerra, sia ben riuscita, osserviamo che la parte prettamente musicale è interrotta innaturalmente e, secondo noi, è svilita un minimo la qualità e la continuità del lavoro di Ovchinnikov, riducendolo a semplice

---

[104] Dalla sceneggiatura romanzata, op.cit., pag. 124, «L'Arcivescovo aveva tracciato sopra di loro [i due Principi] il segno della croce e li aveva benedetti entrambi, guidandoli verso l'entrata da cui proveniva un canto magnifico e solenne [...]».
[105] Come detto poco sopra, non sono vere trombe, ma il richiamo evocativo più comodo ci sembra questo.

commento, quando invece si intuisce, dalla descrizione delle inquadrature appena accennata, che le convergenze sintattiche e consequenziali con le immagini ed il montaggio, siano molteplici. Il brano corale in questione, per capirci quello che inizia a **inq.14R** e termina amputato a **inq.15R**, con una durata complessiva di circa 51 sec., è invece presentato, secondo noi, nella sua interezza, in *Criterion*, in occasione del secondo flashback del Giovane Principe, avvenuto dentro le mura della città ormai espugnata, dopo l'eroica uccisione di Pëtr[106], l'imberbe aiutante di Rublëv, e la visione delle prime atrocità perpetrate dagli alleati tatari e dal suo esercito. Il brano ha la durata totale di 1'.52" e inizia a **inq.32C** come ripresa del primo flashback (fine **inq.13C**), mostrando, nel visivo, il Giovane Principe in attesa vicino all'ingresso di S.Dmitrj, mentre il sonoro sincronizzato è l'attacco deciso e forte di partenza, già udito in *RusCiCo* a **inq.14R** (gli scudieri scendono rapidi e il fratello del Gran Principe si gira). Notiamo subito, per amor del vero, che l'effetto di sorpresa è più convincente in *RusCiCo*; sta di fatto che il brano in questione è lo stesso e inizia ora. In *Criterion* poi, all'**inq.33C**, il Principe Minore è in P.P. (parte più lunga dell'**inq.13R**) e alza gli occhi al cielo con una breve carrellata in avanti in dettaglio, molto ben associata all'ascesa di tono dei tenori in diminuendo e rallentato (una cadenza sospesa poi risolta, che in *RusCiCo*, con meno efficacia, accompagnava, dopo l'inchino del Giovane, l'arrivo lento del Grande Principe con il seguito). Con l'**inq.34C** assistiamo ad un desiderio immaginato[107], non ad un vero e proprio ricordo, semmai un flashforward apparso nella dimensione   passata (lo deduciamo dalla posizione assunta nel montaggio), una prolessi trasformata ora in ricordo. Si tratta della

---

[106] La sequenza dell'uccisione di Pëtr, compresa tra l' **inq.21C** all' **inq.24C**, evidenzia un interessante effetto acustico/visivo: il giovane monaco lacerato al collo dal colpo di sciabola del Principe Minore, rotola (non si capisce come) sopra una grande sega a due impugnature, in bilico su un tronco; questa si mette a vibrare emettendo una specie di lamento metallico che sembra sonorizzare per simpatia, le pulsazioni e i fremiti dei tendini del collo insanguinato del morente (**inq.23C**): sembra quasi una sperimentazione drammaturgica del rumore. In *RusCiCo*, la durata dell'effetto è troppo ridotta per essere colta   (**inq.26R**). La sceneggiatura desunta di Vigni (op.cit., pag.69, inq.192) non fa neppure menzione di questo particolare.

[107] Il *kinoroman*, op.cit., a pag 122, fa cenno a questo recondito desiderio del Giovane Principe mentre galoppa al fianco del khan: «E' solo l'inizio-pensa il Principe,-arriverò fino a Mosca, brucerò tutta la famiglia di mio fratello, schiaccerò i suoi cuccioli e lo metterò in ginocchio.».

bramosia segreta del Giovane Duca di umiliare il fratello più potente e tutta la sua famiglia, bimbi compresi, e sottrargli il comando e gli onori con un gesto di assoluta supremazia: schiacciargli la testa per tre volte nella neve, con il piede, in una specie di torneo di lotta, dove il pubblico applaude e nel finale, il fidato capo delle guardie del Principe Maggiore (Stepan, quello dell'accecamento) e il Metropolita, lo investono e consacrano nuovo Duca. La sequenza ha due strati sonori: quello quasi astratto e irreale del pubblico che ride e schernisce, e quello divergente della musica corale pseudo-ortodossa, molto solenne e mesta (la stessa dell'**inq.15R** in *RusCiCo*, corrispondente all'arrivo del Gran Principe, l'avvicinarsi al fratello minore che l'aspetta, la mano sulla spalla, l'inchino all'Arcivescovo e l'entrata in chiesa). Quando la moglie del Gran Principe, strisciando nella neve, soccorre il marito, spostando il piede del fratello vincitore (solo nella fantasia) dal capo del marito, assieme ad un piccolo/a figlio/a, la m.d.p. inquadra il volto supplicante di lei e del bimbo, quindi anche il volto cosparso di neve del Gran Principe che lentamente si erge per guardare, impaurito, il fratello più giovane: è un momento di forte tensione che trova un'eccellente correlazione sonora nell'ingresso di un intenso motivo acuto di voci femminili, lo stesso che in *RusCiCo* abbiamo riscontrato a fine **inq.15R**, accoppiato all'entrata nella chiesa moscovita dei due Principi, preceduti dal Metropolita, e trasformato subito in suoni di guerra (vedi poco sopra). Quindi, sino ad ora, la musica è intatta nelle due versioni, solo che accompagna immagini diverse: come si è capito, in *RusCiCo*, la scena del desiderio nel cassetto del Giovane Duca, non compare, come è assente tutta la musica corale che segue sino al vero finale del brano. Infatti, ultimata l'investitura tanto ambita in desiderio, riprende, in *Criterion*, il ricordo dell'attesa del Giovane Principe, sul sagrato della chiesa, e, in ambito visivo, ci possiamo agganciare più o meno alle medesime inquadrature di *RusCiCo* relative all'arrivo del Gran Principe e l'entrata con l'Arcivescovo, ossia le **inqq.37C** e **38C**, corrispondono alle **inqq.14R e 15R**. Il brano di Ovchinnikov, ora, e solo in *Criterion*, più che lo stato emotivo degli eventi ricordati (come avviene in *RusCiCo*), sembra tendere alla chiusura musicale e visiva della scena: con una graduale diminuzione della densità, dell'intensità, delle altezze, e la rarefazione dei movimenti vocali polifonici, con lunghe soste su note tenute, si giunge ad una cadenza modale nel grave, su un intervallo armonico di quinta giusta, immobile, conclusivo, corrispondente con precisione al finale dell'inquadratura, con i Principi guidati dal Metropolita, che spariscono dentro la chiesa illuminata. Una breve anticipazione audio di cavalli al galoppo, ci riporta immediatamente alla realtà del saccheggio di Vladimir (inq.39C).

L'ultimo flashback del Giovane Principe, che appare in *Criterion* a inq.59C, e in *RusCiCo* a inq.53R, evidenzia la quasi totale identità, sia visiva che sonora, il che fa presupporre ad un iniziale progetto di compartecipazione tra regista e compositore, nella stesura delle sezioni ove la musica ha un peso determinante: il testo *Criterion* sembra confermare questo patto ideale molto stretto tra occhio e orecchio, valido non solo per i ricordi (vedremo in seguito), mentre il testo russo sembra tradirlo più volte in questo episodio[108]. Dicevamo, l'ultimo ricordo è inserito nelle tragica sequenza della tortura di Patrikej, e ci mostra un P.P.P. di volti, delle candele accese sfuocate, e il Principe Traditore che si muove, osservato dai volti e dalla m.d.p. che lo segue da dietro, sino all'arrivo al cospetto del Gran Principe (ora di tre quarti) con alle spalle il fedelissimo Stepan. La parte musicale è sempre corale, ma rigorosamente maschile (la donna non può cantare in ambito ecclesiastico ortodosso antico), ossia l'idea è quella di creare una atmosfera assolutamente ed inequivocabilmente religiosa, siamo all'interno della cattedrale e i canti, come in altre occasioni del film, potrebbero essere veri[109], sebbene non se ne vedano mai gli esecutori (forse nascosti dietro l'iconostasi nello «spazio santo»). L'attacco è forte, deciso, acuto, sembra la sublimazione delle grida di dolore di Patrikej appena sentite, poi subito, le voci si attenuano, discendono di altezza sino al medio-basso, e su note lunghe e calde, i due principi si baciano ripetutamente sulla bocca, come richiede il protocollo di riappacificazione, tradito sul nascere dal Fratello Maggiore, che mette il piede sopra quello del Fratello Minore (la m.d.p. scende seguendo il corpo del principe per fermarsi in dettaglio sugli stivali): qui

---

[108] Franco Vigni, nella sua sceneggiatura desunta (op.cit., pag.76, inq.220, corrisp. inq.53R/inq.59C) , descrive così la musica corale annessa all'ultimo ricordo del Principe Minore: «(M) Inizio coro. La sequenza in flashback è commentata dallo stesso motivo corale che accompagnava le immagini del flashback precedente (inqq.177-181).». Osserviamo che i brani sono simili ma non uguali: in *RusCiCo* il brano del primo ricordo è incompleto ma diverso, nell'evolversi melodico delle voci e nell'organico d' esecuzione, dal brano che accompagna l'ultimo ricordo.

[109] Nella sceneggiatura romanzata, op.cit., pag.128, la scena, all'inizio, è così descritta: «....Il coro cantava e le voci dei cantori vagavano per altezze sconosciute, mentre le fiamme delle candele oscillavano al ritmo del canto: "...e porteranno doni al Terribile. Egli doma lo spirito dei principi, ed è terribile con i grandi della terra "».

termina la prima inquadratura (**inq.59C / inq.53R**). Nell'inquadratura
seguente (**inq.60C / inq.54R**), un altro punto di tensione si prospetta
prima del bacio della croce d'oro, alle parole non udibili
dell'Arcivescovo, ossia all'accettazione del volere di Dio, che impone la
pace fraterna al Giovane Principe: compiuto l'atto sacro, la tensione
diminuisce e i volti di Stepan e del Gran Duca sono distesi e soddisfatti.
La musica segue con attenzione e asseconda, con l'aumento dell'intensità
e delle altezze, il climax ascendente di attesa e solennità sfociante nella
quiete e nel repentino ritorno alla calma, al registro medio, e la frase
musicale si risolve nella breve inquadratura seguente (**inq.61C / inq.55R**)
con l'occhiata d'intesa tra il Principe e la sua inseparabile guardia, una
mano sulla fronte come per asciugarsi il sudore dalla tensione. Da questo
momento in poi, la musica allude esplicitamente alla coda finale, alla
consueta ultima nota tenuta tendente al grave e al silenzio, che nelle
immagini si traduce con il Giovane Duca mentre, da solo, in ombra, si
muove tra gli affreschi illuminati dalle candele (**inq.62C / inq.56R**) e
guarda davanti a sé, ove il fratello maggiore (**inq.63C / inq.57R**),
illuminato sullo sfondo nero, lo fissa serio, e indietreggiando nel buio
esce di campo. Notiamo che tutta la scena del ricordo è permeata di
silenzio, non udiamo ne rumori d'ambiente, ne alcun parlato, solo musica
vocale maschile, senza parole, pseudo-religiosa, il che sembra annetterla
nella dimensione dell'irreale: oppure l'emozione è così coinvolgente e
intensa, da coprire ogni altro stimolo percettivo. Osiamo affermare che
l'essenzialità e la riuscita sintesi tra visivo e uditivo, siano i fattori
determinanti per giustificare la presenza quasi del tutto integra della
sequenza dell'ultimo ricordo in entrambe le edizioni[110].

Il CD della Toei, nella prima parte della *traccia 6*, presenta, ben
definita, la fascia sonora relativa all'accompagnamento musicale
dell'avanzata dei due eserciti in procinto di attaccare Vladimir (timpani e
«trombe di guerra»), mentre, nella seconda, ci fa sentire il brano vocale
che accompagna il primo ricordo del Principe Minore e in sottofondo, ma
ben distinguibile, sempre la medesima fascia sonora iniziale. Questo
indizio, (ossia il missaggio di due piani musicali) ci conferma la
filiazione da *RusCiCo* della *traccia 6* del disco giapponese, perché, come
detto prima, in *Criterion* il brano corale non reca alcuna sovrapposizione.

---

[110] La versione *RusCiCo* perde qualche secondo (anche per effetto del *running system*) e
nel finale presenta una veloce anticipazione audio della voce di Patrikej.

Per lo stesso motivo e per l'innesto finale tra brano corale (interrotto) e «trombe di guerra», anche la *traccia 7* del CD Toei deriva sempre da *RusCiCo*, nella scena del ricordo dell'arrivo del Gran Principe davanti alla chiesa di S.Dmitrj (**inqq.14R e 15R**). La *traccia 10*, riferita al brano che accompagna il ricordo della riappacificazione forzata tra i due Principi, potrebbe essere stata desunta da entrambi i testi; la durata dell'ultima nota tenuta del finale la avvicinerebbe maggiormente a *Criterion*, ma tale riscontro non ha prove certe.

La profanazione della Cattedrale dell'Assunzione

In entrambe le versioni manca la traduzione del mesto canto, a volte responsoriale, che specie nel *The Passion according to Andrei,* accompagna la lunga agonia della Cattedrale (con gli affreschi e l'iconostasi di Rubliov e Teofane) e dei credenti che in essa vi cercavano riparo, Andrej compreso. Si può solo intuire la possibile origine religiosa ortodossa del canto e la rielaborazione corale operata da Ovchinnikov. Quello che ci fa pensare è che non siamo sulla stessa linea dei canti uditi nei ricordi del Giovane Principe, anche se ne viene colta la somiglianza. Sulle prime, l'idea è di interpretarli come veri canti salmodici provenienti dall'interno dell'Assunzione, quindi inizialmente sommessi, perché ascoltati dal di fuori, poi più intensi, quando la m.d.p. entra nell'edificio sacro: l'unico dubbio è mosso dal fatto che i cantori non si vedono mai (potrebbero essere dietro l'iconostasi, come prevede oggi il rito ortodosso), ma soprattutto nessuno dei fedeli preganti, risponde cantando al solista[111], come invece richiedeva la pratica responsoriale di allora. Il *kinoroman* confermerebbe l'ipotesi di canto diegetico[112], ma sappiamo che la realizzazione filmica non è sempre conforme all'ideazione scritta, quindi, prendendo atto di quest'ambiguità interpretativa, comunque assai poetica e già incontrata ne *La Cerimonia* e nelle precedenti analessi del Giovane Principe, riscontriamo che i due

---

[111] A. Tarkovskij, *Andreij Rublëv*, op.cit., pag.124: «Tutti cantano: " Signore, mio ricovero e mia difesa, Dio mio in cui io confido!.....Non temerai i terrori della notte, né la freccia che scocca di giorno..." ». Nel finale, prima dello sfondamento della porta, è scritto: «Il canto si fa più forte: ".....non ti accadrà alcun male, la peste non si avvicinerà alla tua dimora...".».

[112] *ibidem*: «[...] non volendo lasciarsi sfuggire nessun particolare, [il Giovane Principe] sprona il cavallo e si dirige verso la cattedrale dalle cui porte lo raggiunge un canto inintelligibile e appassionato [...]».

testi evidenziano diverse sfumature inducenti a valutazioni quasi opposte. Prima di tutto, osserviamo che in *Criterion*, il brano è completo, come già appurato per i flashback precedenti; inizia al punto 1.50'.23" dell'**inq.44C** e si chiude, esaurito il suo percorso intrinseco, al punto 1.54'.15" dell'**inq.51C**, con la durata complessiva di 3'.52". Al suo esordio, il canto religioso accompagna la visione di una donna mentre supplica il tataro che la tiene per un polso, di lasciarla andare, e cerca inutilmente di sfuggirgli; costui molla la presa solo per consegnarla ad un altro suo camerata che, senza tanti preamboli, comincia a tirarla per i capelli (anche quando la disgraziata finisce a terra) e la trascina fino agli spalti, dai quali la butta giù urlante. La long take continua mostrandoci un gruppo di tatari alle prese con l'ariete utilizzato per sfondare la porta della cattedrale: i colpi sordi della rudimentale macchina bellica sembrano dare un tempo macabro all'azione e al canto, sempre ben udibile sul bussare inesorabile della morte e dello scempio. Giunge al galoppo un drappello guidato dal Giovane Principe e dal khan: la m.d.p. segue i movimenti dei condottieri, poi si ferma in C.M. sul gruppo all'ariete (fine **inq.44C**). Senza esitazioni, accertiamo che il missaggio audio permette di ascoltare abbastanza bene la musica e i rumori di fondo, le voci e i colpi d'ariete, nonostante la riproduzione sia quella originale mono, ossia primitiva rispetto alla conversione digitale *5.1* della *RusCiCo*: ciò è sottolineato perché la tragicità della scena si fonda proprio sulla divergenza esplicita tra il canto corale religioso, calmo e appassionato, e le atrocità del saccheggio, la completa normalità e indifferenza dei tatari e del loro capo, e la forte tensione del principe russo traditore come Giuda. Si può anche aggiungere che sinora, la presenza del flusso ondeggiante della triste preghiera cantata dal coro, conserva la qualità della dubbia provenienza, la sentiamo nell'atmosfera; forse, la sua continuità e precisione, ci spingono più verso l'astratto, piuttosto che al contestuale. In *RusCiCo*, la scena della donna trascinata per i capelli (**inq.37R**) è quasi del tutto censurata (troppo violenta ?) e con essa sparisce tutta la parte iniziale del coro, che, dopo un breve accenno di entrata, è subito sommerso dai rumori d'ambiente. Il canto ricompare all'arrivo del drappello guidato dal Giovane Principe e il khan (**inq.38R**) ma è leggermente sfasato rispetto a *Criterion*. Nel missaggio, i rumori sono notevolmente più in rilievo della musica, che è sempre meno intelleggibile, crediamo proprio per nascondere i continui «taglia e cuci» inflittigli. Il risultato percettivo è che in queste due prime inquadrature (inq.37R e inq.38R), ottenute dalla sottrazione censoria operata alla long take *Criterion* (inq.44C), il coro sembra far parte della scena. Alle volte non si sente perché rumori più forti lo coprono; non è quindi musica interiore: si percepisce male perchè attutito dalle mura della cattedrale e dal frastuono circostante. D'ora in avanti il montaggio è diverso e in *RusCiCo* mancano ancora immagini. In *Criterion*, tutta l'inq.45C mostra il Principe traditore di spalle in M.P.P. , quindi la m.d.p. ruotando a sinistra con una panoramica obliqua dall'alto al basso, ritrae il gruppo dell'ariete e un cavaliere (difensore) che arriva dal fondo, colpisce un tataro e scappa, inseguito, al galoppo. Il Principe entra di nuovo nel campo visuale a cavallo e si guarda intorno. E' interessante notare che la parte musicale sta per chiudere una lunga frase, mancano pochi istanti alla fine vera e propria e la cadenza ha già rallentato sulla tonica e di nuovo sulla dominante: la tonica finale è sincronizzata con la nuova inq.46C (4 sec.) e ne possiede la medesima durata (un cittadino corre da sinistra a destra, con le mura bianche dell'Assunzione sullo sfondo -la porta secondaria sembra aperta?- ha la casacca in fiamme, cade a terra, si rialza e riprende la corsa con l'esposizione della nuova frase musicale). E' evidente che anche l'inquadratura successiva (inq.47C ove il khan in M.F., davanti al gruppo dell'ariete, prima guarda, sorride e infine chiede al Principe, messo ora in M.P.P., se era dispiaciuto per la cattedrale) sia abbinata all'inizio di un nuovo motivo musicale affidato ad un cantore solista, su modello responsoriale, molto accorato e mesto (una domanda melodica che attende la risposta di tutto il coro) e si completi, con un'ulteriore rotazione a destra della m.d.p., sul particolare del muso del destriero bianco bardato del principe. Quindi inizia la lunga e violenta inquadratura del cavallo fatto cadere realmente dalla scala di legno e successivamente barbaramente trafitto sul set (inq.48C), che fa ascoltare la continuazione del «salmo» (la risposta corale e la ripresa del solista) assieme ai rumori di fondo della caduta e i nitriti di dolore. I tonfi tremendi e gravi dell'ariete, interrotti misteriosamente durante la scena *reality* (forse perché troppo lontani o forse per una pausa dei tatari), riprende con vigore, come anticipazione sonora della scena successiva, dopo l'uccisione dell'animale. Il motivo solistico continua senza interruzione, in corrispondenza del P.P. di una donna anziana dall'espressione smarrita che prega, nell'inquadratura che segue (inq.49C): siamo dentro la cattedrale e la m.d.p. ruota veloce a sinistra sui volti sfuocati dei fedeli in penombra e la musica corale, come è già accaduto varie volte, fa intuire l'epilogo del brano, scattano cioè i meccanismi compositivi della conclusione musicale che è anche conclusione dell'intera scena sulla presa dell'ultimo sacro baluardo di Vladimir. Dopo un brevissimo M.P.P. della demente, che non comprende la tragedia (**inq.50C**) e al successivo M.P.P. di Andrei che la trascina per mano sino in mezzo ai fedeli inginocchiati e disperati in preghiera (**inq.51C**), la parabola del lungo salmo corale si chiude, al grave, in diminuendo e, contrariamente alle aspettative, in maggiore. La grande porta in bronzo e legno massiccio cede proprio sugli ultimissimi istanti del brano ormai sostanzialmente concluso, per far spazio al caos fatto di grida, zoccoli, fischi, pianti. La convinzione che tutta la tragedia contenuta nei preliminari della violazione sacrilega della cattedrale dell'Assunzione e dei suoi fedeli, sia espressa musicalmente nell'interezza del consistente affresco musicale responsoriale, almeno in una prima fase progettuale costruttiva ideata dal regista in comunione con il compositore, ci invita a considerare la parte musicale non soltanto come mezzo atto alla stimolazione emozionale e psichica, in questo contesto prodotta primariamente dal contrasto con l'azione visiva, ma pure come modello di interscambio strutturale e formale per l'aggregazione sintattica filmica. Mi sembra quindi più forte la tentazione di leggere, in *Criterion*, questa preghiera corale più come simbolo sonoro sublimato delle preghiere dei fedeli riuniti nella speranza di salvezza, piuttosto che reale canto religioso presente nel contesto e proveniente dal «Santo dei santi» della cattedrale.

Altra osservazione per *RusCiCo*. Come già detto, l'ordine di montaggio è diverso: all'**inq.38R** (rimanenza dell'**inq.44C**) segue l'**inq.39R** omologa all'**inq.47C** (non all'**inq.45C**), con il Principe tataro davanti agli addetti all'ariete che chiede al Giovane Principe se era in pensiero per la cattedrale. La parte corale, pur se leggermente sfasata in ritardo, rimane la stessa di *Criterion* (il canto solistico responsoriale), perciò è evidente che è stata ben sezionata e saldata in questo punto o poco prima, approfittando degli invadenti rumori di fondo e del missaggio volutamente poco equilibrato. L'**inq.40R**, ugule all'**inq.45C** privata di qualche istante finale (Principe russo di spalle, arrivo difensore inseguito al galoppo che colpisce un tataro alle prese con l'ariete), è seguita dall'**inq.41R**, corrispondente alla famosa **inq.48C** (quella della caduta e morte del cavallo), ovviamente tagliata al punto ove il quadrupede tocca il suolo dopo il salto. E' utile osservare che la musica di questa inquadratura (ovvero della sezione rimasta intatta in *RusCiCo*), è sincronizzata uguale in entrambi i testi (si riscontra all'inizio, con la lotta sul torrione ligneo campanario e sulla parola «Alleluia», pronunciata dal cantore solista, il cavallo tenta invano di superare il parapetto delle scale, lo infrange e precipita accompagnato da un forte tonfo e dal coro che risponde al solista). Tutta la sezione musicale, se vogliamo abbastanza autonoma, corrispondente all'intervento solistico e responsoriale del salmo, non è stata sino a questo punto manomessa, anzi è servita da riferimento temporale, è divenuta funzionale, anche in *RusCiCo*, al nuovo ordine di montaggio; il raccordo tra i due testi, la coincidenza di andatura, avviene esatta nella prima parte dell'**inq.48C**, ovvero in tutta l'**inq.41R** (la stessa, ma censurata della morte del cavallo), ma pure il «prima» e il «dopo» filmico nel suo assieme, è idealmente e concettualmente uguale in virtù della parte musicale, che anche nell'edizione russa, non ha subito, in questa sezione, alcuna omissione o interruzione. Ora le due edizioni, passando dall'esterno a l'interno dell'Assunzione, camminano esattamente insieme nel visivo: l' **inq.42R** (P.P. dell'anziana e volti in penombra sfuocati) è solo un attimo più breve della omologa **inq.49C**; l'**inq.43R** è l'**inq.50C** (demente ignara del pericolo); l'**inq.44R** è uguale, sottolineiamo nel visivo, all'**inq.51C** (Andrej porta con se la demente tra i fedeli inginocchiati e la porta cede, entrano i tatari a cavallo, ossia l'ultima inquadratura della sequenza in interno appartenente alla scena della presa della cattedrale e nel contempo, la prima della scena della strage dei fedeli e del saccheggio dell'Assunzione). Appurato che le immagini sono le stesse, teniamo a mente che la traccia audio musicale è la stessa inalterata, ma in ritardo di sincronizzazione rispetto a *Criterion*, per la sottrazione delle immagini riferite alla morte del cavallo (circa 33 sec.). La soluzione, o forse meglio dire, la necessità di interrompere bruscamente il salmo corale, prima della sua conclusione naturale, con il colpo finale dell'ariete, il cedimento della porta e l'ingresso sacrilego dei tatari tra le grida disperate, è efficace, ma induce ad una lettura percettiva diversa da *Criterion*, o quantomeno più ambigua. Già l'evidente innalzamento del volume del canto, poco prima dell'inizio della sequenza girata all'interno della chiesa (**inq.42R**), dovuto alla risposta del coro al solista e alla parziale scomparsa dei rumori di fondo, suggerisce l'idea di trovarsi in prossimità della fonte dei suoni; così pure il missaggio, ora fortemente bilanciato verso la parte musicale, piuttosto che quella rumoristica (poco chiara se confrontata a

Criterion, ove si mantengono invece ben equilibrati e invariati, anche rispetto all'esterno precedente, i vari strati sonori) tende a confermare l'ipotesi diegetica in linea con le proprietà della psico-acustica. Contrariamente all'edizione americana, è il caso (ossia il visivo già stabilito) a concludere il brano corale, cioè la porta ha ceduto, come avverrebbe nella realtà, senza aspettare che la musica esaurisca il suo discorso interno: la conseguenza logica è che essa, il salmo, appartenga alla sfera diegetica, fosse eseguito dentro la cattedrale, e venga brutalmente interrotto dallo sfondamento, annunciato dagli ultimi tonfi premonitori dell'ariete e dal conseguente caos provocato dai tatari.

Confrontando le due versioni del brano corale con la *traccia 8* (nella parte finale) del CD Toei, osserviamo che rispetto a *Criterion* (ritenuta integra) mancano all'inizio circa 17 sec. e nel finale oltre 50 sec.; rispetto a *RusCiCo*, invece, l'esordio è più udibile, ma la conclusione è tagliata in anticipo con dissolvenza. In questo caso, la derivazione della traccia audio giapponese, anche se sommando tutti gli indizi, sembra avvicinarsi maggiormente a *RusCiCo*, non è individuabile con certezza, in quanto non collima esattamente con nessuno dei due testi.

Dalla sceneggiatura desunta di Franco Vigni[113], corrispondente al taglio *RusCiCo* fatta esclusione per i dialoghi in italiano, diversi sia dal doppiaggio italiano[114] che dai sottotitoli del DVD *General Video*, non si evince chiaramente se la parte corale sia colta come diegetica o meno: ecco la descrizione allegata all'inquadratura **203** (corr.**inq.37R**): «(M) Si leva, cupo e lento, un coro religioso alternato alle preghiere della folla asserragliata nella cattedrale F.C.»[115]. Più avanti, all'interno della cattedrale dell'Assunzione, all'inquadratura **208** (corr. **inq.42R**) con l'anziana attonita in P.P., è riportato «(R) Il coro diventa più forte. Grida, pianti, preghiere» [116], ossia l'intensità aumenta all'improvviso (in realtà era già aumentata dall'inquadratura precedente e all'esterno), ma non viene specificato se questo dipenda dall'avvicinarsi alla fonte sonora, o

---

[113] Franco Vigni, op.cit., pp.72-74.
[114] La versione italiana dei dialoghi nel DVD *General Video*, è la stessa della precedente versione VHS *Uni Video*.
[115] (M) sta per Musica. In entrambe le versioni in DVD, non siamo riusciti ad ascoltare le preghiere dei fedeli quando le riprese si svolgono all'esterno dell'Assunzione, forse perché coperte dai forti rumori di fondo. Oppure, per lo stesso motivo, il canto responsoriale è inteso come preghiera.
[116] (R) sta per Rumore (purtroppo).

dall'evolversi della tensione interiore (ed esteriore) della scena, giunta all'epilogo; rimane aperta, quindi, anche nell'analisi desunta, la tendenza all'ambiguità interpretativa.

Il tormento e l'angoscia del Giovane Principe

Risulta chiaro, dagli esempi incontrati ne *L'incursione* (*RusCiCo*), che i tagli della pellicola, sono spesso anche tagli inevitabili all'unità della composizione musicale, sacrificata spesso in nome del generale alleggerimento dell'opera, alla necessaria velocizzazione ed essenzializzazione di alcune scene, alla liberazione dalle sezioni superflue. Non si può negare che alle volte, ri-sincronizzare la stessa sequenza con la stessa colonna sonora spostata, anche di poco, in avanti o indietro, non conduca a risultati di miglior aderenza tra i due piani, quello visivo e quello acustico, o comunque porti a qualcosa di nuovo sempre valido (come nel *Prologo RusCiCo*).

La versione *Criterion*, presenta l'incipit del *Tema del rimorso* (non molto esplicito, mancano le frequenze acute e il volume è contenuto ma intelleggibile) a **inq.70C** (la m.d.p. in C.L. dall'alto con carrellata nervosa, ci mostra Foma di spalle che fugge, quindi andirivieni di soldati che raziano e violentano, poi con una panoramica verso l'alto, tra il fumo degli incendi, si intravede la sagoma della cattedrale): si tratta di un attacco aggressivo e ben scandito principalmente da ottoni, piatti e timpani, seguito da una frase aperta, con nota ripetuta più volte marcata, affidata ai legni (flauti) e percussioni (vibrafono e/o xilofono) all'unisono, meno potente ma sempre drammatica, allucinata, (alla comparsa spettrale della cattedrale) e ripetuta più acuta con chiusura alla tonica nell'inquadratura successiva (**inq.71C** ossia quando il Principe Minore, visibilmente turbato, in M.P.P. sale le scale che portano al campanile o ai tetti della cattedrale). Riprende il vigoroso, furioso attacco degli ottoni e delle percussioni , mentre il traditore raggiunge la sommità della scala, e nel momento che questi, appoggiato ad una trave verticale, inizia a guardare giù, un potente colpo secco percussivo, chiude questo esordio dirompente, lasciando spazio ad un tappeto sonoro di legni, con note tenute in armonie dissonanti sul piano, amalgamato alle grida e ai lamenti che provengono da lontano, dall'esterno (il *kinoroman*, descrive molto bene il pathos della scena[117]). La musica e le voci disperate preludono all'inquadratura seguente (**inq.72C**): la folla   viene fatta scendere lungo la discesa a ridosso delle mura e riunita nella piana sottostante, la m.d.p. zoomma all'indietro, mostrandoci in C.L.L. tra una cortina di fumo nero, la moltitudine di gente ammassata nel pianoro. A questo punto inizia un pizzicato grave degli archi che si somma ai legni, quindi una scambio con rullante e piatti sfregati, poco prima della nuova inquadratura (**inq.73C**): C.L. sui tetti a volta, circondati dalle alte cupole (si intravede   il principe con veste bianca tra i tatari e scale a pioli appoggiate sulla grande cupola centrale). La parte musicale è caratterizzata dallo scambio veloce tra timpani, incisi acuti e rapidissimi di flauti, piatti sfregati alternati a note trillate e tenute degli archi e fiati, e ancora, dopo due colpi di rullante, trillate lunghe degli archi e legni con piatti e timpani in crescendo subito attenuati, lasciando spazio ai legni e archi ancora in trillato questa volta soffuso (il tutto assemblato a voci più o meno udibili degli uomini sui tetti che parlano e gridano). Il trillato continua per qualche attimo nell'inquadratura (**inq.74C**) con un M.P.P. del Principe dallo sguardo fisso pervaso dal rimorso, e lascia spazio ad una serie continua, ostinata, di coppie di colpi di tamburo, mentre nello sfondo tutto si svolge al rallentatore (in sottofondo si odono leggeri rumori provocati dalle lastre metalliche asportate dalle cupole, o dai movimenti dei tatari vicini al principe, e voci lontane, come provenissero da un altro pianeta). Il pulsare del tamburo, molto simile al pulsare cardiaco rallentato del Principe («E più alto sale il principe, più lentamente procede il tempo, più lento si fa il battito del cuore, [...]» cita il *kino- roman*[118] e si spiega anche il rallentatore), continua nell'ultima inquadratura della scena (**inq.75C**), anch'essa al rallentatore (un C.L.L. dall'alto dei tetti dell'Assunzione, con il volo discendente sempre rallentato delle grandi oche bianche o germani che muovendo lentamente le ampie ali, escono di campo per lasciar spazio alla panoramica sulla

---

[117]A. Tarkovskij, *Andreij Rublëv*, op.cit., pag. 130:
   Il principe sale gli antichi e consunti scalini del campanile per valutare, assaporare ed esaminare meglio da lassù tutta la grandezza della sua vendetta, nutrita dall'odio e da uno sconfinato, insaziabile desiderio di potere. E più in alto sale il principe, più lentamente procede il tempo, più lento si fa il battito del cuore, [.....], più disperate le lacrime e più acuto il baluginare di un naturale sentimento di colpa. E' impossibile guardare Vladimir dalla cima del campanile, [........] , e la sofferenza e la disperazione si solidificano ormai per sempre, a guardare e ad ascoltare Vladimir di qui, dalla cima del campanile della cattedrale dell'Assunzione. Il principe guarda giù, verso la cenere e le grida, e i suoi occhi trasparenti dalle pupille piccole come semini di papavero lacrimano al vento alto e libero.
[118] Vedi nota precedente.

folla, disordinata e terrorizzata, ammassata sull'avvallamento fuori le mura di Vladimir, ove brucia un enorme falò). Il ritmo ostinato del tamburo, prosegue ancora, ma la scena è un'altra: Foma, ancora in fuga (dall'**inq.76C**), oltrepassa un torrentello e si appoggia ad un albero a riprendere fiato; qui la pulsazione smette. L'impressione generale che si percepisce, dopo una prima visione, è che non ci sia una attenta articolazione tra montaggio e sintassi/tensione musicale, sebbene spesso, osservando e ascoltando con cura, si notino momenti chiari di sinergia tra il piano visivo e il piano uditivo non sempre, però, distribuiti con precisione (come già riscontrato più volte nel testo *Criterion*). Tutto il brano sembra procedere per proprio conto, dimostrando però di possedere una sua logica consequenziale tendente ad anticipare l'azione, meno a commentarla o a seguirla nel suo svolgere. L'inizio, potente e allucinato, descrive bene l'evolversi esterno del saccheggio (**inq.70C**), ma, con l'entrata del nuovo motivo, quello costituito dalle due frasi, di cui la prima ancora nella stessa inquadratura, si prelude già al successivo stato interno angosciato del Giovane Principe, che ora si rende conto della distruzione e morte che hanno generato il suo smisurato egoismo e odio verso il fratello, rappresentato visivamente dall'espressione del suo volto mentre sale vacillando lentamente le scale (**inq.71C**); il ritorno, dopo la secca conclusione, del tema iniziale degli ottoni, timpani e piatti sul M.P.P. del Principe che riluttante sosta prima di guardare giù, chiude il percorso spaziale allucianatorio iniziato fuori (davanti alla basilica) e dentro (dentro il campanile o dentro il principe), in basso (sul terreno) e in alto (sui tetti, sul campanile). Il nuovo elemento sonoro con l'andamento accordale leggero dei legni, scatta un attimo prima (quindi anticipa) della nuova inquadratura da lontano sulla folla disordinata, di nuovo in esterno (**inq.72C**). Questo moto confuso e disorganico dei prigionieri potrebbe trovare forma sonora nel pizzicato nervoso degli archi e nel dialogo rapido tra legni e percussioni, che alludono già al cambio di ambiente (**inq.73C**), da sotto le mura si passa a sopra i tetti, dove fervono lavori del saccheggio, e il nostro principe sta per essere sopraffatto dai sensi di colpa. Nello spazio altissimo tra le cupole dell'Assunzione, la musica è di nuovo irrequieta e sembra richiamare versi o svolazzi di uccelli, prima di iniziare il trillo ondeggiante di archi e legni, che come al solito, prepara (anticipa) lo stato d'incubo, di semi-incoscienza del principe (**inq.74C**) immerso realmente in un tempo interiore a parte, con la frequenza cardiaca più rallentata, opposta alla rapidità del ritmo della razzia. Tutto sembra terribilmente lento, anche il volo delle oche (**inq.75C**), ed il tamburo continua a scandire l' andamento pesante del disagio psichico: forse questo è l'unico effettivo e significativo commento musicale simultaneo, immanente, all'azione. Questa asincronia, questo generale procedere profetico non esattamente collimante con il passo filmico, arricchisce le possibilità di relazione tra immagini e musica, la renda più autonoma rispetto al visivo, la libera dalla funzione di semplice commento gregario all'azione: in questo caso credo sia la percezione globale del brano, con la complessità e conflittualità delle sue dinamiche interne, contrappuntistiche, poliritmiche e politimbriche, a funzionare da veggente catalizzatore agli stimoli provenienti dalla drammaticità degli eventi, spingendo lo spettatore a sorvolare i respiri corti del montaggio, semmai a misurarsi con quelli lunghi transequenziali o transcenici. Daltronde la sostanza della scena si basa sullo sfasamento tra tempo esterno reale e tempo interno psichico soggettivo, per cui l'andamento autonomo della musica, sia quando complesso e caotico, sia quando essenziale e ostinato, vi trova motivazione formale e concettuale di frizione con il visivo.

Nell'*Andrej Rubliov RusCiCo* (come nell'identica e ben precisa *traccia 11* del CD Toei) non è più così. Sebbene le inquadrature siano le stesse e pure la musica (non è tutta, però, e viene manomessa), la diversa sincronizzazione sortisce effetti diversi. Premesso che l'**inq.70C** (l'inizio con Foma che scappa, il saccheggio, il fuoco, la cattedrale tra il fumo) è posizionata molto prima, ossia a **inq.49R** (con il sonoro dei richiami di guerra sentiti all'inizio dell'episodio) subito prima della scena della tortura a Patrikej, l'ordine delle altre inquadrature della scena del tormento del Principe, rimane lo stesso di *Criterion*, ossia : **inqq.64R, 65R, 66R, 67R e 68R** sono rispettivamente le **inqq.71C, 72C, 73C, 74C e 75C** . L'attacco deciso e allucinante degli ottoni, dei piatti e dei timpani è sincronizzato con il M.P.P. del Principe mentre sale le scale del campanile (**inq.64R**, in realtà non è l'esatto inizio riconoscibile in *Criterion*, manca qualche nota in levare): l'effetto è efficace, simultaneo, grazie anche al notevole aumento del volume, ma lamentiamo la presenza di un disturbo della qualità timbrica e una certa instabilità dinamica, ritengo dovuta al restauro audio digitale (forse filtrando troppo il rumore di fondo, o accentuando troppo certe frequenze) che influiscono un po' sulla godibilità dell'azione. L'incipit potente, del *Tema del rimorso* lascia spazio ad un nuovo motivo costituito da due frasi con lo stesso profilo melodico, una aperta e l'altra chiusa, più acuta: esse trovano nuova collocazione (rispetto a *Criterion*) quasi nel contempo dell'**inq.65R** (come descritto per l' **inq.72C**: ripresa dall'alto, folla che scende un clivio, e si ammassa disordinatamente in un pianoro sottostante che la m.d.p. riprende zoomando all'indietro in C.L.L.). Alla ripresa del motivo deciso iniziale (con gli ottoni, i piatti e i timpani), siamo di passaggio all'**inq.66R** (ovvero **inq.73C**, sui tetti della cattedrale visti da lontano) e il colpo secco conclusivo di questa prima sezione (individuato e descritto più volte a **inq.71C**) avviene esattamente al punto 1.41'.50" della medesima **inq.66R** (in *Criterion* lo stesso colpo avviene al punto 2.01'.40" dell'**inq.71C**). Poniamo qui un marcatore per scoprire che la parte musicale in *RusCiCo* è manomessa, è prolungata per dar luogo alla pre-sincronizzazione con **inq.68R,** del volo delle oche (per altro rinforzato da uno starnazzare e da un effetto *surround* dei battiti d'ali e del fuoco) con l'attacco veloce dei flauti alternato alle note tenute di ottoni e legni. Verifichiamo infatti che l'attacco in questione di *Criterion*, inizia ben riconoscibile al punto 2.02'.07", ossia a 27 sec. dallo stacco secco marcato, mentre in *RusCiCo*, l'entrata vorticosa dei flauti avviene al punto 1.42'.22", ossia distante dal marcatore circa 32 sec., 5 sec. in più, nascosti dalla rumoristica e dalle forti voci fuori campo, nonché dall'abbassamento del volume della parte musicale. Il motivo sul pizzicato degli archi, preceduto dagli accordi tenuti dei legni, in *RusCiCo* è applicato in parte all'inquadratura fissa in C.L. dei tatari sui tetti della basilica tra le cupole (**inq.66R**), e in parte è prolungato nella seguente, con il principe in M.P.P. e dietro i tatari al lavoro (in *rallenty*) con le lastre da depredare (**inq.67R**). Il motivo agitato e contrappuntistico, iniziato dai flauti associato al volo delle oche (**inq.68R**) continua per tutta l'inquadratura, con la panoramica discendente sul caos della folla e sul grande falò, poi si dissolve rapidamente e scompare nell'inquadratura di Foma fuggiasco (**inq.69R**). Non c'è traccia dei vibrati degli archi e dei legni che introducevano, in *Criterion*, la sequenza al rallentatore, e ovviamente sparisce anche il pulsare «cardiaco» del tamburo.

Le nuove concordanze sulle intensità sonore potenti, sono molto appariscenti e accattivanti nell'aderenza al testo visivo, ne diventano ottimi accessori, ma si perde l'integrità, l'originalità della parte musicale, il suo procedere autonomo nel flusso filmico ora più scontato. In questa versione, emerge la tendenza a far somigliare, se non coincidere, la sintassi del montaggio con quella della costruzione musicale, con il risultato di uniformare i piani percettivi dell'occhio e dell'orecchio, concentrando l'energia della narrazione, in punti forti dell'azione e della musica, ma tralasciandone tutte le sfumature intermedie, specie la poesia contenuta nel tempo rallentato, che perde il suo pathos sconcertante, catastrofico, e rischia di assumere la fisionomia del *cliché*. Bisogna comunque cercare di comprendere gli interventi sottrattivi nell'ottica della migliore riuscita complessiva dell'opera, presupponendo con fiducia che entrambi i DVD, siano il frutto di un onesto e preciso riversamento delle pellicole originali. In vero, la conversione ed elaborazione digitale dell'audio *RusCiCo*, in un verso, già tradisce queste aspettative, ma in un altro, in larga parte rimane ininfluente e spesso migliorativa.

Se andiamo poi a controllare la versione *RusCiCo/General Video* in lingua italiana, ci accorgiamo che la parte musicale differisce ancora da quella presente nello stesso DVD in lingua originale russa. Infatti dopo lo stacco netto, o colpo secco che dir si voglia, a **inq.66R** (sui tetti della cattedrale), ripartono ancora le «due frasi con lo stesso profilo melodico, una aperta e l'altra chiusa, più acuta» ossia quelle che accompagnavano l'inquadratura precedente (**inq.65R**), alle quali segue la «ripresa del motivo deciso iniziale», in corrispondenza, questa volta con l'**inq.67R** al rallentatore (col Principe in M.P.P. e i tatari dietro alle prese con le lastre delle cupole); si risente di nuovo, una seconda volta, il «colpo secco» conclusivo del motivo degli ottoni, dei piatti e dei timpani, seguito stavolta (tra le intromissione di voci vicine e lontane) da qualche suono accordale forse di legni, dal «motivo pizzicato degli archi» (in forma ridotta), e finalmente dal «motivo agitato e contrappuntistico dei flauti» che segnalano l'arrivo (**inq.68R**) delle oche in volo, ove tutto marcia nuovamente in regola. Questo per dire che nella versione italiana, la musica ripete delle frasi già eseguite per riempire spazi vuoti necessari alla sincronizzazione dell'ultima inquadratura della sequenza, utilizzando però una saldatura al limite del rispetto del discorso musicale, mutata certamente da procedimenti famigliari all'*editing* visivo, ma che in parte declassano le buone partiture per cinema, a normale materiale sonoro di riempimento.

Nella precedente versione italiana VHS della *Univideo*, che sino a questo punto del film, evidenzia solo qualche irrisorio taglietto a finali di inquadratura: la soluzione musicale di questa sequenza non corrisponde all'originale (o precedente) *Criterion*, ma deriva da un accurato taglio alla versione in lingua russa *RusCiCo*. L'**inq.66R** (CL. sui tetti della cattedrale) è tagliata poco dopo il «colpo secco» conclusivo e viene innestata sul finale dell'**inq.67R,** nel punto ove la musica inizia un brevissimo inciso di raccordo nel «motivo pizzicato degli archi» e si va poi a collegare regolarmente con l'inquadratura delle oche che volano (**inq.68R**).

Questi tipi di intervento sottrattivo o aggiuntivo, come già ribadito, hanno lo scopo di sfruttare al massimo le sezioni forti e incisive della partitura per ottenere un più proficuo impatto emozionale delle immagini, posizionate nelle zone di minor tensione apparente dell'episodio. Le tre soluzioni *RusCiCo* (lingua russa, lingua italiana e VHS) sono da considerarsi, sul piano tecnico-espressivo, opzioni sacrificali del discorso musicale, necessarie per il raggiungimento di una maggior efficacia ed aderenza al discorso filmico visivo.

La *Sceneggiatura desunta del film* di Vigni[119], sembra corrispondere completamente, nella descrizione delle inquadrature della scena, alla versione *RusCiCo*; inoltre si rileva, dalle indicazione dello studioso, che il brano di Ovchinnikov inizia e termina nello stesso punto del medesimo testo russo.

Come prova dell'efficacia del *Tema del rimorso*, lo ritroviamo, con diversa strumentazione e in una dimensione più estesa, inserito nella colonna sonora scritta da Ovčinnikov nel 1971 per l'edizione restaurata del film del 1930 *Zemlja* (La terra) di Alexandr Dovzenko.

---

[119] F.Vigni, op.cit. pp.78-79, inqq.231-236 (corr. inqq.64R-69R)

Il silenzio | Anno 1412

The Charity | Winter 1412

Solo qualche rintocco di campana......

..... e del vento in più in *RusCiCo*; alcune inquadrature in più in *Criterion*, ma irrilevanti in questa sede e già parzialmente trattate nella premessa. L'unica attenzione riguarda l'immagine della pietra arroventata che, cadendo sulla neve, emette uno «sfrigolio rabbioso»[120]. Nel film, soprattutto in *RusCiCo* ove è l'ultima inquadratura (**inq.34R**), rivela i connotati della sconfitta e della rabbia, lo «sfrigolio» rappresenta la forte tensione del pittore, costretto a tacere dopo il voto al silenzio, derivante dalla fuga della demente. In chiave esoterica, il suono scaturisce dal contrasto tra elementi opposti e diviene un segno premonitore.

---

120 Nel *kinoroman* (TARKOVSKIJ, *Andreij Rublëv*, cit., pp.141 e 142) tale immagine viene presentata come la «lotta tra Andrej e la pietra» vinta alla fine, con soddisfazione, dal monaco.

La Campana | Anno 1423

The Bell | Spring-Summer-Autumn-Winter-Spring 1423-1424

Una sequenza già apparsa in *Criterion*.

In questo imponente e conclusivo episodio, il primo intervento musicale, compare all'**inq.22R** / **inq.22C**, in entrambi i testi[121] e sulle stesse immagini (Andrej, in P.P., si gira di spalle, guarda verso Boriska, il giovane fonditore di campane mentre sta per addormentarsi esausto, nella fossa contenente lo stampo in argilla dell'enorme campana, si rigira pensoso): si tratta della *Triste cantilena*, già udita nell'episodio del giullare e, solo in *Criterion*, ne *Il Giudizio Universale*[122]. In *RusCiCo* inizia quasi subito, ed è accompagnata dal picchiettare sulla pietra, in sottofondo, dei lavoranti nel grande cantiere della fusione. Come già detto molto prima, la seguente sequenza di 4 inquadrature (50 sec. in tutto), ossia le **inqq.23R, 24R, 25R e 26R**[123], era posizionata, in *Criterion*, tale e quale, dall'**inq.33C** a l'**inq.36C** ne *Il Giudizio Universale,* e, oltre alla voce, dall'**inq.23R**, sentiamo l'accompagnamento del *gusli* [124], i colpi degli scalpelli dei lavoranti sommato allo scroscio della pioggia, mentre in *Criterion*, solo la voce del piccolo Sergej mentre legge. Sul finale dell'**inq.26R**, (senza più picchiettii di sottofondo, Andrej di profilo in P.P.P. guarda lontano, poi la m.d.p., girando a destra, inquadra le foglie sferzate dal vento) si innesta, alla triste nenia e alle raffiche di vento, un nuovo tema lento, dai suoni vibranti a lungo (eseguito forse da una celesta o da vibrafono con qualche effetto riverberante, o simile), costituito da brevi momenti melodici in scala e brevi arpeggi, intervallati a semplici bicordi, che si esaurisce naturalmente sul finale in dissolvenza dell'**inq.27R** (P.P. di Andrej di nuovo nel cantiere, poi la m.d.p. si abbassa e mette in P.P. Boriska

---

[121] Nella versione VHS *Univideo* in italiano, l'inq.22R è quasi del tutto soppressa con effetti spiacevoli pure nel sonoro.

[122] L'argomento è già stato affrontato al punto 1 de *Il Giudizio Universale*, in questo studio; si tratta delle **inq.33C, 34C, 35C e 36C**, ossia un flashback di Andrei, avvenuto durante la lettura delle Sacre Scritture, nella cattedrale dell'Assunzione di Vladimir.

[123] Vedi descrizione al punto 1 de *Il Giudizio Universale*, in questo studio.

[124] Come nel piano sequenza del giullare nella stalla/teatro.

dormiente, quindi lo segue mentre, sorretto per il giaccone da due o tre aiutanti, viene spostato in un altro luogo). La sceneggiatura desunta di Franco Vigni[125] descrive con cura la scena[126], aderendo in tutto al modello *RusCiCo*. Così in *Criterion*, la triste nenia femminile accompagnata al *gusli* e dai picchiettii melodiosi, rimane invece per tutta l'**inq.23C** (ripresa fissa in C.L. della quercia da lontano con i monaci che si riparano dalla pioggia, simile all'**inq.24R** oppure **inq.34C** de *Il Giudizio Universale,* ossia ricordo del ricordo) e continua ininterrotta nell'**inq.24C** (simile all'**inq.27R**, con Andrei in P.P. e Boriska trasportato mentre dorme, il continuo picchiettio e le voci degli aiutanti che parlano tra loro), dove si spegne assieme alla dissolvenza visiva in chiusura.. L'interpretazione delle due scelte di montaggio, porta a diverse conclusioni: in *RusCiCo* il flashback di Andrej è nuovo, mai avuto, riporta Kirill alla memoria, tornato pentito al convento e riconosciuto, ossia il ricordo sembra riguardi più il vecchio confratello ritrovato, piuttosto che la situazione, l'occasione rievocata. Siamo incerti invece su cosa abbia innescato il ricordo, forse le parole e le azioni precedenti di Boriska (manda a frustare il suo piccolo e fidato amico che Andrej, se non fosse per il voto di silenzio, vorrebbe consolare, come vorrebbe consolare Kirill, ricordato nei bei momenti passati); ma la cosa importante è che il motivo strumentale, innestato alla triste voce femminile, riconduce alla realtà, con la visione del giovane costruttore di campane addormentato: il carattere di questo motivo è lento, sognante, dolce e triste assieme, il *Motivo del sogno.* Il testo *Criterion*, recuperando solo una delle inquadrature del flashback già incontrato (**inq.34C** di *The Last Jugdement*, la grande quercia in C.L. con i monaci che si riparano dalla pioggia) riconduce inequivocabilmente ad esso (grazie anche alla melodia femminile), ma più al contesto, al luogo, al profilo del grande albero e solo indirettamente al personaggio Kirill,

---

[125] Franco Vigni, a cura di, *Andrei Tarkovskij, Andrei Rublëv: Sceneggiatura desunta del film.*op.cit., pp.100-101, **inqq.306-311** (corr. **inqq.22R-27R**).
[126] Vigni descrive così l'inizio della parte audio della scena (**inq.306** corr. **inq.22R**): «(R) Il tichettio dinamico e martellante degli arnesi degli artigiani. I rumori del cantiere si smorzano gradatamente. (M) Inizia la musica, soave e melanconica, che, accordandosi con la memore nostalgia di Andrei, riprende, dilatandolo, il motivo del primo episodio.». Nella chiusura della scena, subito dopo il flashback (**inq.311** corr.**inq.27R**), lo studioso scrive solo: «(M) La musica si dissolve», ossia non viene rilevata alcuna diversità o modifica del «motivo del primo episodio», potrebbe quindi aver udito un altro sonoro, in questo caso, simile a *Criterion*.

neppure visto con certezza. Rimangono quindi le stesse perplessità manifestate per la sequenza originale de *The Last Jugdement*, la sua collocazione primaria è incerta, non chiara, così pure il suo richiamo secondario presente ora in *The Bell*; come già detto, forse qualcosa è andato perduto (o semplicemente ci sfugge). Invece è inoppugnabile che la triste nenia a voce femminile, accompagnata dal *gusli*, prosegue anche nelle immagini del placido sonno di Boriska, e sparisce con la dissolvenza di esse, mentre invece troviamo il *Motivo del sogno* della celesta molto più avanti, sempre ed esclusivamente nel testo *Criterion*, questa volta in sincronia con un vero sogno di Boriska. Siamo all'**inq.45C** (ovvero **inq.46R** senza musica) e vediamo il giovane fonditore ancora esausto, appoggiarsi all'imponente campana, proprio in corrispondenza del san Giorgio istoriato[127]; il ragazzo chiude gli occhi, e passa con la mano sopra la figura sacra in rilievo (esattamente accarezza le zampe anteriori del cavallo di «san Giorgio il Vittorioso»[128]). A questo punto parte il *Motivo del sogno* (uguale a quello *RusCiCo*) che proseguirà per altre tre brevi inquadrature (**inqq.46C, 47C** e **48C**), saldate con la precedente e tra loro con dissolvenze incrociate contigue, sino all'ultima, in dissolvenza in chiusura applicata anche al motivo musicale. Notiamo una certa concordanza tra fraseggio e montaggio, ma soprattutto una piacevole ricerca sulla resa sonora della dissolvenza incrociata intesa come procedimento tecnico di sovrapposizione graduale a scomparsa delle immagini. I suoni, come le immagini, in virtù della loro lunga e controllabile durata e della costruzione intervallare e melodica delle frasi, penetrano gli uni sugli altri, esaurendosi nel suono successivo, creando momenti verticali (armonici) su andamenti orizzontali (melos): si tratta di proporre, nella retorica filmica, una relazione sinestetica, una simbiosi percettiva autonoma e convergente dei meccanismi produttivi legati al mondo delle immagini e dei suoni, dopo, oltre, e senza la parola. Il *Motivo del sogno*, qui in *Criterion*, più che in *RusCiCo*, troverebbe in questo la sua essenza. Ma che cosa sogna Boriska: tre immagini simbolico/oniriche da interpretare: un alto albero spoglio con appesi dei secchi in metallo con del fuoco all'interno, una striscia materica scura (probabilmente fango) che si snoda con forme strane sulla neve, un

---

[127] In seguito, quando parleremo dell'atavica ritualità annessa alla fusione della campana, tratteremo anche di questa santa figura.
[128] Vedi *kinoroman*, op cit. pag.192

lenzuolo stropicciato assieme ad altri panni ben stesi in un prato soleggiato. Ci sembra che la successione avvenga, in primo luogo, per associazione visiva semplice di linee e forme: i rami dell'albero portano alla prima parte della striscia materica sulla neve, che al suo apice mostra un andamento curvilineo conducente alle pieghe del panno bianco al sole. L'albero[129] sembra quello trovato e visto da Boriska seguendone le radici, nel luogo prescelto per la grande buca circolare che conterrà la sagoma della campana, mentre la striscia materica è vista all'inizio dell'episodio, all'arrivo dei messi del principe alla ricerca di fonditori, nel villaggio di Boriska colpito dalla peste, e sempre lì, in quel contesto, il giovane, correndo incontro al soldato che lo porterà a cavallo dal principe, inciampa sul panno steso sul prato e lo stropiccia. Tra le varie letture possibili, preferisco quella magico-simbolica, che ne spiegherebbe la presenza nel contesto più ampio del rito della fusione del metallo, della rigenerazione e della purificazione, legato alla costruzione e al suono apotropaico della campana, necessario per sconfiggere il male, la peste, l'odio tra fratelli, l'inverno, la carestia, i tatari (il totalitarismo ?). Tale lettura porterebbe a ritenere Boriska e Andrei gli equivalenti cristiani dei grandi iniziati della cultura esoterica, ancora presente e viva anche in epoca cristiana avanzata. L'albero, nella filosofia cosmogonica, ma pure in quella tardo medievale o pre-rinascimentale, e nella cultura contadina nella fase di convivenza tra ritualità e simbologia pagana e cristiana, rappresenta lo strumento di comunicazione tra il divino e l'umano: la panoramica discendente, dalle fronde al fusto, termina sulla striscia materica sulla neve che assomiglia ai rami e alle radici, ossia descrive la comunicazione tra il divino e l'umano, mostra il male nelle sembianze di serpe o di drago radicato nel profondo della terra, ove crescono le radici (la forma evocata nella parte finale della striscia sulla neve, è quella del drago a spire, vinto da san Giorgio e dal suo cavallo, visibilmente istoriato, più avanti nel film, sulla campana). La visione finale può indicare varie strade opposte ma conciliabili: il male viene dall'uomo (é Boriska che inciampa, cade provocando le pieghe, il disordine, sui panni bianchi stesi sull'erba, che, tra l'altro, potrebbero rappresentare forme di

---

[129] L'albero potrebbe essere l'anello di congiunzione del ricordo di *Andrej* nell'**inq.23C** prima menzionata, con la precedente sequenza de *The Last Jugdement*, con questa ed altre presenti nell'episodio. Ne viene così sottolineata la forte e costante valenza e presenza simbolica nelle culture pre-cristiane e cristiane. L'albero (biblico) compare anche nelle ultime immagini a calori delle opere di *Rublëv*.

ritualità contadina, come i secchi col fuoco appesi al grande albero, visto più volte nell'episodio della campana). Ma anche cela un aspetto onirico-premonitivo: per volere di Dio, il giovane bugiardo diviene il predestinato che, attraverso la costruzione della santa campana, porrà rimedio al male, alla peste, alla lotta fratricida, ossia, nella nuova intuizione teologica, l'errore non comporta solo il castigo, c'è il perdono e la possibile risollevazione dalla caduta. Perfino un ragazzo incosciente, ignorante, che rischia, senza ben capire il perché, la sua vita, può acquisire forza e sapienza non ovviamente con mezzi propri, ma grazie all'intervento divino. Il sogno procede sull'asse: Boriska (suono/musica) - Andrej (colore/pittura) e volendo - Tarkovskij e in parte Ovchinnikov (cinema come congiunzione del sentire e del vedere) atta a dimostrare, non solo in termini religiosi, che l'artista, quello vero, l'iniziato, non possiede i suoi doni soltanto per meriti o per studio, e ha l'obbligo di trasmettere, annunciare qualcosa di superiore non sempre a lui comprensibile. La predestinazione risponde ad un disegno oscuro all'uomo e non è detto sia un progetto esclusivamente cristiano o politeistico, di una o più religioni: il registra semmai mostra l'origine atavica, naturale, pagana che dir si voglia, della necessità di ordine sul disordine tra tutti gli esseri (animati e inanimati) del globo e di questi con il globo stesso e il cielo, e, in particolare nell'uomo, del bisogno sociale di avere guide spirituali tendenti a questo principio universale, sorta di profeti privi di guadagno personale (sia beni fisici che psichici) che esercitino non per sé stessi, ma per naturale (o innaturale) designazione. Anche Efim e il buffone rientrano in quest'asse: il primo dimostra la fine breve di un sogno personale, sterile e destinato al sacrificio totale senza ricaduta comunicativa; il secondo mostra una santa vocazione sociale alla consolazione e alla rivolta o rinascita, ma facilmente reprimibile e cancellabile perché troppo manifesta, esplicita non misteriosa[130]. Ricapitolando, l'unico sogno del film[131], ha la caratteristica della visione profetica da interpretare e compare esclusivamente nella versione *Criterion*; in *RusCiCo* ne rimane solo il motivo musicale, che reca ancora

---

[130] Il giullare, alla verso la fine dell'episodio, specie in *Criterion*, rinnega la sua vocazione, ossia rifiuta di sostituire il buffone morto del Gran Principe, ma in realtà è visto rallegrare la folla, attorno alla campana, con gli stessi gesti e scherzi del suo repertorio.
[131] Contro i quattro de *L'infanzia di Ivan*, che hanno marcato il debutto di Tarkovskij nel cinema d'arte; vedi in F.Borin, *Il cinema di Andrej Tarkovskij*, op. cit., pag.59-64.

con sé la connotazione di «sognante», ma solo come normale commento al sonno di Boriska visto dall'esterno, non come realizzazione sonora rispecchiante la ricerca di analogie espressive e costruttive tra linguaggio visivo e musicale. Da un ascolto attento del *Motivo del sogno* ci si accorge di un altro segno pregnante di continuità: è il tema conduttore dell'*Infanzia di Ivan*, celato da un'andatura più lenta e più libera ma, dal punto di vista melodico, è lo stesso. Il rimando ai sogni di Ivan è evidente ed è più di una semplice citazione, tenendo conto del particolare rilievo che assume l'onirico nella poetica di Tarkovskij.

La *traccia 13* del CD Toei corrisponde in pieno alla colonna sonora *RusCiCo*, naturalmente senza i rumori di fondo, e in più si coglie con chiarezza la triste nenia femminile continuare per un po', in sottofondo, anche dopo l'entrata del *Motivo del sogno*, con una sorta di dissolvenza incrociata solo audio che riporta segretamente al suo modello di derivazione.

Un brano vocale sostituito da un «coro di funi».

In lontananza (C.L. dall'alto) notiamo un gruppo di nobili a cavallo, preceduto da un drappello di sei dignitari (il Gran Principe e gli Ambasciatori italiani), uscire da una porta della città e, salutati con rispetto e devozione dalla folla, si avviano al luogo dove sarà benedetta la grande campana e quindi fatta risuonare (**inq.58C** / **inq.56R**). Solo in *Criterion*, inizia un pezzo corale polifonico dove un tema in tempo ternario ben ritmato con incipit di tre note ascendenti per grado congiunto, viene esposto prima da voci femminili, quindi riproposto con l'entrata delle voci maschili, principalmente su andamento isoritmico e con brevissimi momenti di contrappunto. A questo esordio ben marcato, segue una sezione più armonica a note lunghe tenute, con evidente dilatazione del tempo sempre a voci miste. Poi la ripresa solo maschile del tema ritmico iniziale seguito subito (senza ripetizione) dalla sezione lenta, sempre solo dalle voci maschili e contemporaneamente si entra nell'inquadratura successiva (**inq.59C**) ove Stepan, il temibile fido scudiero del Principe, raccomanda (col suo stile rude e intimidatorio) ad un capomastro di rispettare i tempi della cerimonia. In sincronia con la nuova inquadratura (**inq.60C**), con Boriska pensoso davanti agli uomini alle prese con le funi mentre sollevano la campana dalla buca di fusione, oltre al forte cigolio delle corde tese, sentiamo di nuovo il tema iniziale condotto dai soli ruoli maschili, quindi nella ripetizione, un nuovo intervento variato femminile, appena contrappuntistico, con picchi verso l'acuto in finale di frase. Le due inquadrature consecutive, con il dettaglio sulla superficie metallica del bordo inferiore rotante della campana che mette in evidenza le spire del drago vinto da san Giorgio (**inq.61C**) e la discesa con funi di alcuni operai tra l'intreccio delle travature del ponteggio per sorreggere la campana con il santo raffigurato per intero (**inq.62C**), sono accompagnate dalla sezione a note lunghe, con i valori ancora più aumentati e a voci miste, cadenzante sui primi secondi dell'inquadratura conclusiva (**inq.63C**), ossia sui numerosi segni di croce del clero ortodosso riunito intorno all'altare. L'ultima ripresa del tema iniziale, più breve, variato e a voci miste, termina sulle parole pronunciate solennemente dall'officiante e previste dal rituale di benedizione ed esorcizzazione della campana. Questo brano, definibile bi-tematico a ripetizione variata, possiede, specie nel primo motivo, un leggero sapore polifonico rinascimentale o pre-rinascimentale, una sorta di mottetto con funzione celebrativa o di *entrade*, riconducibile certamente alla creazione d'atmosfera per l'arrivo del principe e specialmente degli ospiti italiani culturalmente più raffinati e assai lontani dai costumi russi. Il pezzo, nel suo assieme, pare inoltre costruito sulla scansione di montaggio, con alcuni punti di precisa sincronia tra frase musicale e inquadrature.

La versione *RusCiCo* ha invece completamente rimosso la parte musicale e in corrispondenza delle inquadrature interessate (da **inq.56R** a **inq.61R**), sentiamo, oltre le voci dei dialoghi e della folla in sottofondo, il cigolio esasperato delle funi e degli argani sino a **inq.58R**, quindi un abbassamento generale dei rumori e voci di fondo in concomitanza alla visione dell'altare e dell'esordio del cerimoniale ortodosso esoreistico. Bisogna riconoscere che con questa sonorizzazione, la scena non acquista comunque una coloritura più «naturalisticamente esatta»[132], ossia non

---

[132] Usiamo la terminologia adoperata da Tarkovskij nel capitolo *Della musica e dei rumori*, in *Scolpire il tempo*, op.cit., pag.147, ove spiega l'infondatezza della registrazione senza selezione dei rumori presenti realmente sulla scena e ne propone una soluzione: «E' sufficiente soltanto togliere al mondo visibile, riflesso sullo schermo, i suoi suoni, oppure popolare questo mondo con suoni estranei, che letteralmente non esistono per quella data raffigurazione, oppure deformarli, che il film immediatamente comincerà a risuonare». Questo concetto sembra posteriore alla stesura de *The Passion according to Andrei*, mentre potrebbe essere stato intuito e in parte sperimentato nell'*Andreij Rubliov*. Il

viene appieno avvalorata l'impressione dello svolgimento reale degli eventi, tipica del cinema classico, perché i vari cigolii e stridii delle corde tese e degli argani vengono «selezionati»[133]e posti in un piano emergente ed irreale rispetto al paesaggio sonoro delle voci dei popolani presenti sulla scena, semmai è lecito pensare di trovarsi davanti ad uno dei tentativi anticipatori di ricerca di una teoria del rumore applicata al cinema. Tuttavia si interviene, come rilevato altre volte, specie in questa seconda parte del film, su una condotta registica forse definibile di prima maniera[134], che dava più spazio ad occasioni di reciproco ma distinto apporto tra piano visivo e uditivo, in un originale e diverso linguaggio filmico di sintesi tra immagini e musica, *decoupage* e composizione musicale. Viceversa, l'audio in italiano dello stesso DVD, nella realizzazione digitale 5.1, è missato o «selezionato» mettendo in evidenza le voci della folla e i dialoghi, facendo così scomparire la forza espressiva sprigionata dalla tensione delle corde e degli argani; per contro, l'audio in italiano mono, ottenibile dal menù interattivo del DVD, come l'audio dell'edizione VHS *Univideo* da cui deriva, presenta ben chiari i cigolii e tutti i dialoghi, ma si perdono quasi del tutto le voci di sottofondo, creando una dimensione acustica improbabile e quasi avulsa dal contesto generale. Entrambe le scelte risultano riduttive se confrontate alla versione in lingua russa *RusCiCo*.

---

regista, nello stesso capitolo, afferma: «La musica cinematografica per me, in ogni caso, è una componente naturale del mondo dei suoni, una parte della vita umana, sebbene sia pienamente possibile che in un film sonoro realizzato in maniera coerente dal punto di vista teorico non rimanga affatto posto per la musica e questa venga sostituita dai rumori ripensati dal cinema in maniera via via sempre più interessante. E' questo l'obiettivo che mi sono proposto nei miei ultimi lavori, *Stalker*, *Nostalgia* e *Sacrificio*.». É possibile però che il regista abbia in parte operato in questa direzione anche sull'*Andreij Rubliov*, alla fine degli anni '60. (Vedi anche nota seguente).

[133] *ibidem* «Che cosa vuol dire un mondo dei suoni naturalisticamente esatto? Nel cinema questa è una cosa impossibile perfino da immaginarsi: significa che nell'inquadratura dovrebbe mescolarsi tutto. Tutto quello che in essa viene registrato dovrebbe avere anche la sua espressione corrispondente nella colonna sonora. Ma questa cacofonia significherebbe che il film è privo di una qualsiasi soluzione sonora. Se la selezione dei suoni non stata effettuata, ciò vorrebbe dire che il film equivale a un film muto, poiché esso è privo di espressività sonora. Il suono tecnicamente registrato non muta ancora nulla nel sistema di immagini del cinema, in esso non c'è ancora alcun contenuto estetico.».

[134] Vicina, ma non la stessa dell'*Infanzia di Ivan*.

La sceneggiatura desunta Franco Vigni[135] sembra corrispondere all'edizione *RusCiCo/GeneralVideo- UniVideo* italiana, anche se i dialoghi trascritti non sono esattamente gli stessi.

«[…]il metallo risplendente si precipita nella forma cantando con le sue mille voci una melodia lamentosa e irripetibile.» –

«[…]Un suono enorme, denso e basso si stacca lentamente dalla campana fremente e fluisce sulla folla stupefatta.»[136].

La campana riunisce in sé, sin da prima della sua fusione, l'importantissima e remota ritualità esoreistica e l'arcaica tradizione agreste che la elegge a simbolo propiziatorio della fertilità[137], della rigenerazione della Grande Madre Terra, nel difficile passaggio stagionale dall'inverno alla primavera. Nella fase che precede la fusione, incarna in sé anche il mito del fuoco e del dominio dei metalli, come vittoria sulle forze della notte, del male: da questa più antica tradizione proviene la credenza che il suono del metallo allontani gli spiriti maligni (prima nella cultura arcaica indiana e cinese poi nel continente europeo). La tradizione cristiana recupera e converte, specie in ambiente contadino, il complicato protocollo sacrale antico mantenendone le funzioni originali: combatte il male, la peste in questo caso, ma anche le lotte intestine, i tatari e, del rito della fertilità (solo campestre) mantiene i presupposti del sacrificio sonoro, dell'invocazione per l'arrivo della primavera, la fine della carestia, ossia la campana e la sua liturgia preparatoria, diventano mezzo di comunicazione con Dio, «strumento di lode e sollecitazione delle forze celesti e insieme oggetto esoreistico per eccellenza, le cui onde sonore creano e dilatano uno spazio privilegiato, spezzando le energie negative […]»[138]. Ci sembra che Tarkovskij, in questo episodio, cerchi proprio di mettere in evidenza come il cristianesimo avesse fatto propria e mantenuto questa tradizione atavica

---

[135] Franco Vigni, op.cit., pp.110-111, inqq. **340-345** (corr. **inqq.56R-61R**).
[136] Dal *kinoroman*, op.cit., prima cit. pag. 191, seconda cit. pag.194.
[137] La campana è anche il simbolo dell'unione sessuale sacrificale rappresentato dal movimento del battaglio (maschile) nello spazio interno risonante (femminile).
[138] Cristina Campo, *Sotto falso nome*, a cura di Monica Farnetti, II ed., Milano, Adelphi, 1998, pag.. 205

che la civiltà contadina rispettava con scrupolo e dedizione perché radicata profondamente nella propria cultura, sicuramente molto prima della diffusione della religione ortodossa. La bella signora vestita di bianco[139] e la bellissima fanciulla che la accompagna (notate anche dagli ambasciatori italiani in visita dal Grande Principe, e viste in lontananza nella scena finale del pianto liberatorio di Boriska), partecipi entrambe all'attesa del suono rigeneratore, sembrano rappresentare simbolicamente proprio la Madre Terra e la Primavera, la fertilità, anch'esse spettatrici interessate all'evento sacro. La campana poi, oltre all'idea di continuità, di immortalità e di ciclicità, contenuta nell'incorporazione in fusione della vecchia campana da sostituire[140], porta sempre una dedica: in questo caso san Giorgio («*ghergòs*» agricoltore) patrono dei cavalieri e spesso invocato contro la peste (la leggenda del drago da lui sconfitto è medioevale) e legato anch'esso ai riti della rigenerazione con sacrificio . Nei paesi slavi assunse la funzione di sconfiggere le tenebre dell'inverno, simboleggiate dal drago e quindi di favorire la crescita della vegetazione in primavera che ben collima alla presenza nella ritualità qui descritta nella russia del primo '400. Quindi, se l'elemento che contraddistingue la prima parte del film sembra essere l'acqua in tutte le sue forme, dalle pozze, alla pioggia, al fiume e al torrente, alla neve disciolta, ci sembra che gli elementi portanti della seconda parte, siano il fuoco, distruttore e purificatore, rigeneratore, ma non da meno il silenzio totale di chiusura autopunitiva in contrasto con la predestinazione e il suono magico apotropaico, e volendo aggiungiamo pure il ritmo di morte dell'ariete o del cuore rallentato del Giovane Principe contro il ritmo vitale del battaglio o dei rintocchi a distesa delle campane a festa. Nell'episodio si scorgono vari punti caldi che rimandano alla concezione del suono come qualità del divino o del magico, come caratteristica segnaletica percettivo-istintiva comprovante la veridicità nell'«udibile» del percorso incomprensibile profetico. L'argilla non buona per la sagoma è valutata al tatto e all'orecchio, è ascoltata (**inq.13R / inq.13C**); sono le grida di gioia di Boriska nel aver trovato «casualmente» la cava giusta di argilla ad attrarre l'attenzione di Andrei, «casualmente» di passaggio, verso il futuro compagno come lui prescelto, cioè l'udito, più che la vista

---

[139] **Inqq.70R e 75R / inqq.71C e 75C.**
[140] Dal *kinoroman*, op. cit., pag.188: «[...], gli operai tirano con le funi i pesanti pani di rame ottenuti dalla vecchia campana.».

88

(inq.17R / inq.17C). A questo proposito, le grandi lingue di fuoco del gigantesco falò di preparazione e propiziazione (inq.29R / inq.26C), dopo il primo risveglio di Boriska, presentano diversa sonorizzazione: in *Criterion*, oltre il crepitare della legna che arde, un suono magico si sprigiona dalle fiamme (sembra l'amplificazione con riverbero e filtraggio dello scorrimento rapido di scale ribattute in ascesa e discesa su un vibrafono o simile), lo stesso o molto somigliante a quello che si udrà al momento della colata del metallo liquido. Vi é, per tanto, un esplicito collegamento consequenziale sonoro tra le due fasi lontane di fusione, ma facenti parte di un'unica prassi magica che porterà poi al suono della campana. In *RusCiCo*, le imponenti vampate sono ben realizzate dal potenziamento dell'audio digitale per *home-theatre* (aumentando le frequenze basse per il *sub-woofer*, si ha l'impressione di essere vicinissimi al falò), ma non si sente il suono magico aggiunto: o è stato coperto dall'amplificazione digitale dei bassi oppure non compare in questa versione. Anche la precedente edizione in VHS *Univideo* in italiano, non presenta alcun suono in più al crepitare imponente del fuoco. Come pure la sceneggiatura desunta di Vigni[141] non fa alcun accenno a suoni aggiunti[142], ne qui, ne più avanti, al momento della colata[143]. Prendiamo ora la *traccia 14* del CD Toei (ricordiamo come riscontro non attendibile al cento per cento per la mancanza di documentazione precisa) e notiamo che inizia con una sezione di circa 20 sec. sovrapponibile (dopo qualche prova di sincronizzazione) alle immagini *Criterion* del grande falò e fa sentire dunque, e con maggior precisione, il suono magico dello strumento a piastre. Poi, la traccia del disco giapponese, continua per altri 3 minuti circa, dominati da strani rumori/suoni che, a intuito, si percepisce corrispondano alla sequenza della colata del metallo, con il ritorno, nel finale, del suono magico (che diviene il marcatore per attuare con facilità la nuova prova di sincronizzazione con il visivo). Questa volta però si osserva, calcolando le durate delle due sequenze, che

---

[141] Franco Vigni, op.cit., pag.101, inq.313 (corr. a inq.29R/inq.26C)
[142]*Ibidem* Nella colonna della musica e dei rumori, che affianca la descrizione delle inquadrature, così riporta Vigni: «(R) Voci indistinte. Il crepitio del fuoco si confonde in un rombo confuso.».
[143] Ivi, pag.105, inq.323 (corr. a inq.39R/inq.38C) «(R) Runori indistinti. Il sibilo del fuoco» e poco più avanti: «(R) Il rumore della colata diventa più forte. Da lieve sordina si trasforma in un forte rumore di fondo che copre le voci dei fonditori. Il rumore prosegue fino alla fine della sequenza.».

la derivazione della registrazione su CD è dall'edizione *RusCiCo*, non *Criterion*, come d'altronde è sempre stato per tutte le altre tracce precedenti. Siamo perciò tentati di supporre che anche i primi 20 sec. della *traccia 14* Toei siano stati ricavati dal modello *RusCiCo*, e che i procedimenti di filtraggio per la masterizzazione del CD dell'etichetta musicale giapponese, o la deselezione di una o più opzioni dalla fonte precedente al riversamento nei cinque canali digitali dell'edizione russa, abbiano portato alla luce, celata sotto le invadenti frequenze basse del falò, la fascia sonora magica inudibile nel DVD.

In *Criterion*, quasi tutta la scena della colata nella nera fucina (**inqq.38C, 39C e 40C**), con i quattro forni dalle bocche traboccanti luce, fiamme, fumo bianco, scintille e calore altissimo (che riporta all'antro dei mitici fonditori del metallo), è imperniata di miracolo sonoro inteso come trasformazione acustica del rumore del metallo incandescente gorgogliante in suono melodioso (al vibrazioni metalliche si somma una lunga nota tenuta che assomiglia per timbro ai «suoni di guerra» del «The Raid»), ovvero disordine in ordine vibratorio[144]. Anche Andrei, che si aggira guardingo tra le fornaci, attirato dalla straordinarietà del momento (**inq.39C**), è felicemente rapito dall'evento sonoro e partecipa alla trasformazione, infatti l'espressione del suo volto, per la prima volta dopo il voto al silenzio, da seria o indifferente, assente e dubbiosa, accenna per un attimo ad un mezzo sorriso di stupore e soddisfazione: sono questi suoni puri, di provenienza divina o magica, non le parole vuote dei consimili, a dargli il primo impulso alla rinascita, a riprendere la sua missione dopo il lungo periodo di chiusura e sfiducia nell'uomo.

In *RusCiCo*, l'**inq.40R**, omologa all'**inq.39C** appena esaminata, si rivela privata dei primi 20 secondi, ossia non si vede l'accenno al sorriso di Andrej, mentre il «suono magico» del metallo fuso, si sente chiaro nell'**inq.39R** (**inq.38C**), per poi sparire sommerso dalla massiccia presenza del fragore dei forni, esaltato dalla tecnologia digitale

---

[144] Dal *kinoroman*, op.cit., pag. 191:
  I fonditori si slanciano sulle stufe e aprono gli sportellini: attraverso i canaletti il metallo risplendente si precipita nella forma cantando con le sue mille voci una melodia lamentosa irripetibile. Ed ecco che già la forma risuona, riempiendosi, come un enorme vaso tintinnante in cui venga versato dell'argento liquido e trasparente. Con la testa un po' piegata da una parte, Boriska ascolta il suono musicale e tonante prodotto dalla scintillante lega di rame e d'argento e, tremando per la tensione che gli stringe il cuore, grida con segreta esultanza, ansimando per la felicità: "Versa! Urra-a-ah! A-a-a-ah! Signore, aiutami! Porta qua! Versa!".

nell'**inq.40R**. Di conseguenza non sappiamo se Andrej senta il canto del metallo, che ritorna solo al finale dell'**inq.41R** (**inq.40C**), sempre tra i soffi, gli sbuffi e i gorgoglii della colata. La versione VHS *Univideo* in italiano, è uguale nelle immagini alla parente/discendente *RusCiCo*, ma non possiede alcuna traccia sonora aggiunta, il «suono magico» non si sente, rimane cioè totalmente priva del collegamento esoterico sia nel precedente falò che in questa importante sequenza[145]: questa ci sembra una carenza non da poco per la lettura corretta dell'opera. Per dire la verità, non è che il risultato finale sia spiacevole, anzi tutt'altro, l'atmosfera irreale e magica è preservata nel suo assieme, soltanto osserviamo che la comparsa di Andrej, in questa modalità «di passaggio», è curiosamente superflua, è solo visto vagare nella fucina, ha la sola funzione di comprovare la presenza costante del pittore di icone nello spazio dell'azione, mostrandolo del tutto indifferente all'energia sonora positiva sprigionatasi dalla sagoma interrata della campana, di cui rimane solo Boriska unico beneficiario. Inoltre, perdendo il rimando sonoro al grande falò, si indebolisce la componente esoterica e cultuale proposta invece con chiarezza nella versione *Criterion*. L'edizione russa, sembra mirare qui, con l'impiego dell'artificio tecnologico, alla somiglianza della realtà sonora dei fatti e nasconde, o perlomeno evita di ostentare intenzionalmente, ciò che è irreale, col risultato pratico di renderlo più interessante, attraente, perché non esplicito, ma perseguendo pure, come effetto conseguente portato all'eccesso, la dinamica generale di spacciare per vera la realtà filmica. Al contrario, la copia *Criterion*, mostra apertamente, mette in primo piano l'irrealtà sonora, interiore e magica dell'azione, perché prevalente, in questo come in altri contesti, alla realtà fisica, per cui non vi è alcun progetto di aderenza illusoria al vero, bensì l'esplicita rivelazione della poetica filmica.

Dopo l'incensazione e la benedizione, necessarie per esorcizzare e purificare definitivamente la campana, la parte conclusiva del lungo rito si compie in due fasi: quella ondulatoria del battaglio e quella conseguente e imprevedibile dell'esplosione sonora. La prima si caratterizza nell'attesa ansiosa e carica di aspettative di tutto il popolo, dei costruttori e dei capi, dal silenzio rotto solo dal cigolio ritmico e dal

---

[145] Tali riscontri avvicinano questa precedente versione italiana VHS, alla copia vista e descritta da Franco Vigni nella sua sceneggiatura desunta (op.cit.), sebbene la trascrizione dei dialoghi non collimi esattamente.

leggero sfregamento del battaglio e dalle voci degli ospiti italiani, irriverenti ed estranee al cerimoniale (forse non conosciuto oppure volute indifferenti dal regista) e, solo in *RusCiCo*, dalle forti folate di vento (sempre digitalizzate). La seconda, la percussione armonica, è la comprova della riuscita di un anno di lavoro e di un ingente capitale investito, una dimostrazione di forza e potere davanti agli ospiti stranieri, ma soprattutto, per il popolo, l'attivazione di una protezione dalla peste, dal male, dai tatari, e contemporaneamente di una potentissima supplica propiziatoria. Il primo rintocco contiene una energia così deflagrante che tutti i presenti tirano un enorme respiro di sollievo, gridano di gioia e ricominciano a sperare in un domani migliore (seguono a distesa tutte le campane del circondario). Ho notato una piccola differenza tra i due testi, nella concordanza delle immagini sincronizzate con il primo atteso rintocco: in *RusCiCo* (come pure nella sceneggiatura desunta di Vigni[146]) è Andrej in P.P. di spalle a girarsi, teso sul volto, un attimo dopo il colpo (**inq.69R**), e pochi istanti dopo (**inq.70R**), una donna in bianco sorride e passeggia verso destra in M.F.S., portando un cavallo nero per le briglie, davanti alla folla acclamante. In *Criterion*, Andrei non si vede e l'inquadratura interessata al primo rintocco, il più importante, è l'**inq.71C** che corrisponde all'**inq.70R** più una piccola sezione iniziale ove, una giovane bellissima fanciulla in M.F.S., notata anche dagli ospiti italiani, precede la donna vestita di bianco[147]. Deduciamo che in entrambe le edizioni, la bella signora in bianco ha un forte legame col suono propiziatorio e con l'intero rituale (come già ipotizzato, potrebbe simboleggiare la Grande Dea Madre), ma in *RusCiCo*, una posizione di vantaggio è assegnata al pittore di icone, che si volta istintivamente al suono atteso con visibile nervosismo, ma, nella sua immediata reazione espressiva del volto, si mostra ancora indifferente alle benefiche vibrazioni. Per cui, le letture generali delle due versioni sembrano in pratica differire nella diversa reazione di Andrej all'intero rito: in *Criterion* lo vediamo rapito e ammaliato già dai suoni della fusione e, pur non vedendolo nella scena dell'attesa intorno alla campana, lo immaginiamo partecipare all'atmosfera vagamente pagana costruita sull'apparizione e sul sorriso di gioia della donna vestita di bianco e sulla

---

[146] Franco Vigni, op. cit., pag.113, **inqq. 354 e 355** (corr. **inqq.69R e 70R**).
[147] Esaminando con precisione le due inquadrature, ci accorgiamo che in realtà l'**inq.70R** non deriva da un taglio alla **71C**, bensì è una ripresa alternativa, un'inquadratura diversa.

fanciulla che la precede (la Primavera?); in *RusCiCo* invece, Andrej non prova emozioni visibili (solo una certa preoccupazione) in tutta la preparazione cultuale, e solo quando consolerà Boriska e ritornerà a parlare, avremo la certezza della riuscita dell'effetto curativo e risanante del rito anche su di lui.

Sulla realizzazione audio del suono della campana, e in particolare nella parte riguardante lo «scampanio confuso e allegro»[148] dovuto all'inserimento di altre campane del circondario, organizzate anche in *carillon* (**inqq.72R** e **73R** / **inqq.72C** e **73C**), mi sembra giusto osservare che le tracce sono diverse, e, pur essendo la qualità russa superiore nel riversamento, in *Criterion* i rintocchi gravi della campana di san Giorgio sono sempre ben riconoscibili e, alle volte, piacevolmente dialoganti con gli altri più acuti (**inq.73C**).

Finale a colori: i due esemplari coincidono.

La parte finale delle due edizioni, per intenderci quella a colori (tra parentesi, il testo *Criterion* ha, contrariamente alle aspettative, una eccellente resa cromatica), non evidenzia alcuna differenza incisiva nel sonoro; la *traccia 15* del CD Toei, potrebbe corrispondere ad entrambe le edizioni, se non fosse per lo scorrimento a 25 fps di *RusCiCo*. Sebbene l'inquadratura delle braci ardenti (**inq.77C** / **inq.77R**) mostri lievi differenze visive nella trasformazione cromatica e in *RusCiCo* sentiamo qualche folata di vento in più (in *surround*); poi nell'ultima inquadratura (**inq.107C** / **inq.107R**) i cavalli pascolino nell'ansa erbosa del fiume, in un'atmosfera sbiadita, sfuocata e colorata solo in *Criterion*, mentre *RusCiCo* torna in bianco e nero[149] e, per chiudere, lo scroscio della pioggia, in *Criterion*, inizi più tardi e nell'ultimo cartello, sul «Fine», duri di conseguenza più a lungo, eccetto questi particolari, tutta la consistente sezione nodale visiva sugli affreschi, sui dettagli, sui motivi di decoro dei lavori di *Rublëv*, letti dalla m.d.p. con movimenti spaziali continui in tutte le direzioni, usando spesso la dissolvenza e focali diverse, e la parte musicale di Ovchinnikov per coro e orchestra, sono assolutamente concordanti, sono identici in entrambe le versioni. Sembra

---

[148] Dal *kinoroman*, op. cit., pag 194 : «Il colpo successivo risveglia le voci dei campanili intorno che gli rispondono con uno scampanio confuso e allegro.».
[149] Nella copia VHS in italiano della *Univeideo*, l'inquadratura sbiadita dei cavalli sotto la pioggia è a colori come in *Criterion*.

quindi che il regista abbia ritenuto di non dover modificare l'assetto generale della sincronia tra musica e immagini, né di accorciare neppure in minima parte la scena in questione: è inequivocabilmente necessaria in tutta la sua realizzazione. Come osservato in più occasioni, la corrispondenza tra sintassi costruttiva del linguaggio musicale e montaggio filmico è spesso molto stretta, così avviene che nei momenti di particolare tensione sonora, le immagini assumono una coloritura emozionale così profonda, da mutare e amplificare sostanzialmente la portata drammatica della sola percezione visiva[150] che potrebbe, in prima analisi, condurre ad una semplice operazione documentaristica. La composizione, riprendendo e sviluppando motivi ed incisi prevalentemente del *Preludio*, il brano abbinato ai primissimi titoli di testa (mi sembra di riconoscere anche degli accenni alla *Passione*)[151], sembra compiere un rapido percorso all'indietro, una ricapitolazione attuabile attraverso la memoria uditiva, e nel contempo anche le immagini sembrano evocare, focalizzando alcuni particolari dettagli degli affreschi o delle iconostasi (figure sacre, edifici o parti di edifici, animali) personaggi e situazioni già vissute nella realtà filmica o, per altri versi, le varie tappe della vita di Cristo[152]. La visione della basilica dell'*Entrata in Gerusalemme*[153] ripresa dapprima in dettaglio sulla cupola maggiore, poi allargando su tutta la costruzione che a fianco mostra un grande albero (**inq.83C / inq.83R**), oppure del grande asino bianco sproporzionato rispetto a figure umane più piccole (**inq.84C / inq.84R**), la lenta panoramica ascensionale che parte dai piedi sino al volto del *Cristo in maestà* (**inq.87C / inq.87R**), le due inquadrature consecutive su Marta (o Maria) mentre stringe i piedi di Gesù, come Maddalena nella «Passione secondo Tarkovskij» (**inqq.90C e 91C / inqq.90R e 91R**), la carrellata in

---

[150] A questo proposito, Tarkovskij, nel capitolo *Della musica e dei rumori* in *Scolpire il tempo*, op. cit., pag.146, afferma:

> Se la musica è impiegata correttamente, l'intonazione musicale è in grado di modificare dal punto di vista emozionale tutto il colore del brano ripreso sulla pellicola, raggiungendo una tale unità di disegno con l'immagine che, se la si togliesse del tutto da quell'episodio, l'idea contenuta nell'immagine ne rimarrebbe non soltanto indebolita quanto all'effetto ma, per così dire, qualitativamente mutata..

[151] Purtroppo, nell'attesa di metter mano alla partitura originale, è possibile un'analisi approssimativa solo ad orecchio, sulla paternità effettiva dei vari motivi e incisi presenti in questo brano conclusivo.

[152] Simonetta Salvestroni nel saggio *L'immagine della Trinità. Da Rublev a Tarkovskij*, in *Andrej Rublev e l'icona russa*, Magnano Ed. Qiqajon, Comunità di Bose, , 2006.

[153] Icona presente nell'iconostasi dell'Annunciazione a Mosca.

avanti sul volto di Maria Vergine (**inq.95C / inq.95R**), il particolare delle tre figure della Trinità (**inq.101C / inq.101R**) dopo la dissolvenza incrociata (per citare solo le più importanti), sono tutte immagini che sprigionano potenza espressiva grazie alla sincronia col discorso musicale, con le sue frasi, il suo climax, i suoi «colori», le sue atmosfere, e alla vaga sensazione, sempre spinta dalla partitura, di averle già viste nella narrazione filmica e che solo ora acquistino un senso compiuto. La tranquillità ascetica a cui tende la musica di Ovchinnikov, dopo un percorso agitato di intensità, timbri e motivi melodici ridondanti, culminante nella tensione ultima nel *ff* del coro (si cantano ora parole, non vocalizzi) e dell'orchestra che conduce l'attenzione visiva su «l'accordo cromatico tra azzurro e rosso porpora scuro nelle vesti dell'angelo centrale»[154] come «punto di massima concentrazione della luce che si identifica con una sorta di centro di tensione di tutta la composizione.»[155] (**inqq.97C e 98C / inqq.97R e 98R**), trova pura rappresentazione nell'atmosfera esicastica delle tre figure angeliche della Trinità[156] esplorate dalla m.d.p. di Tarkovskij. Il regista sembra voler guidare l'osservatore verso il «movimento della quiete»[157], verso «la contemplazione divina» ove cessa ogni movimento e tensione, quando «cessa anche la preghiera»[158].

Vorrei aggiungere, come personale apporto, che si celi, non solo nei particolari dei volti della Trinità, ma soprattutto nella musica che li accompagna (**inq.101C / inq.101R**), la volontà di far leggere nelle linee dei tratti, nelle acconciature e nella postura del capo e nella finezza e leggerezza dei piedi e dei calzari , la forte componente femminile delle figure alate. Premesso che la Trinità di *Rublëv* segue l'impostazione

---

[154] Elena Ja. Ostašenko, *Andrei Rublev e la critica d'arte*, in *Rublev e l'icona russa*, op.cit., pg.134

[155] *Ibidem.*

[156] Per un'approfondita interpretazione pittorica, religiosa e storica della Trinità di Rublev, cfr. i saggi di Ol'ga S. Popova, Elena Ja. Ostašenko, Nicolas Ozoline e Nina Kauchtschischwili, contenuti in *Andrej Rublev e l'icona russa*, op.cit.

[157] Elena Ja. Ostašenko, *Andrei Rublev e la critica d'arte*, in *Rublev e l'icona russa*, op.cit., pag. 129

[158] Ol'ga S. Popola, *Andrej Rublev e l'arte bizantina e russa tra XIV e XV secolo*, in *Andrej Rublev e l'icona russa*, op.cit, pag.72. La studiosa, citando una teoria già avanzata dal *Florovskij*, paragona la poetica pittorica rubleviana alla fase più elevata, il terzo e ultimo gradino, della prassi per il raggiungimento della perfezione secondo Isacco da Siro,

esegetica della *visio* divina trinitaria, piuttosto che la teofania veterotestamentaria[159], di cui rimangono solo la casa di Abramo e la quercia di Mamre (come simboli opposti di Sara e Abramo, copulati spiritualmente dalla panoramica dell'**inq.102C / inq.102R**) e che di conseguenza, le figure che vediamo non sono angeli (le ali sono simboli o sineddoche del volo) o Cristo con due angeli, ma un *týpos* della Trinità, ossia la raffigurazione dell'immagine umana del Figlio, mediatore del Padre attraverso lo Spirito, e premesso che tale presupposto diverrà il modello assoluto per le rappresentazioni pittoriche successive cinque-seicentesche dello stesso topos religioso ortodosso[160], è possibile anche immaginare che Tarkovskij, coadiuvato o coinvolto da Ovchinnikov, attraverso le voci femminili e il loro simulacro strumentale affidato al flauto, e la quiete contemplativa derivante dalla ripetizione del motivo melodico finale sempre femminile su un pedale grave strumentale maschile (**inq.102C / inq.102R**), e dalla loro trasfigurazione strumentale in dialogia poliarmonica e poliritmica, faccia velatamente riflettere l'osservatore, attraverso il *decoupage* ancorato al sonoro, su come *Rubliov* risolva il problema della rappresentazione della bellezza rivelante il divino, mutuando i tratti femminili, del volto e corporei, intesi soprattutto come somatizzazione di alte qualità spirituali. In altre parole, un po' tutto il film ci parla della nuova visione che il pittore Andreij attua nelle sue opere, a partire dal *Giudizio Universale*, fondata cioè sulla rivalutazione della donna vista come simbolo di rigenerazione, di bontà e di perdono, risollevandola dalla posizione punitiva che il cristianesimo medioevale le riservava ispirandosi alle antiche scritture, ossia di tentatrice/peccatrice, causa prima della cacciata dal Paradiso terrestre, rovina dell'uomo e ad esso totalmente sottomessa. Tarkovskij intravede principalmente nei volti della Trinità l'incarnazione del bello celestiale assomigliante alla bellezza estatica della donna , e, poco oltre (**inq.104C / inq.104R**), perseguendo questo tema, insiste per un attimo ancora su un'altro volto femmineo dallo sguardo pensoso, quello dell'*Arcangelo Michele*[161] prima di dissolversi nell'astrazione delle pieghe

---

[159] Nicolas Ozoline, L' «*Ospitalità di Abramo*» *come icona della festa della Trinità*, in *Rublev e l'icona russa*, op.cit., pp. 175-208.
[160] Vedi disposizioni emanate dal concilio dei Cento Capitoli (1551) dopo la richiesta di chiarezza in merito al problema della raffigurazione della Trinità, avanzata da Ivan il Terribile.
[161] A. Rublev, *Arcangelo Michele*, da Zvenigorod, 1400 ca., Galleria Tret'jakov, Mosca.

dell'abbigliamento blu e porpora dell'*Apostolo Paolo*[162] (senza mostrarne però il volto per niente femminile): la musica ci sembra spingere nella stessa direzione anche quando gli strumenti (corno, legni) sostituiscono le voci femminili e la lunga nota tenuta (oboe), dal suo apparire iniziale, crea, nella dissonanza con i registri grave e acuto, nella sua staticità, nel suo leggerissimo tracimare nell'inquadratura successiva sino allo spegnimento, una terza dimensione armonica e ritmica che sembra alludere al mistico trinitario. Il tuono improvviso, tra i movimenti plastici delle vesti scure di Paolo, marca quindi la comparsa in dissolvenza in entrata del viso del *Cristo Pantocratore*[163](**inq.105C / inq.105R**), avvicinato in dettaglio sugli occhi cerchiati d'ombra che scrutano seri l'interiore dello spettatore nel propagarsi grave e minaccioso del rombo; ma lo sguardo del dio incarnato, centro spirituale dell'icona, è magicamente e contemporaneamente radioso e illuminato. L'inquadratura, con un carrello all'indietro, si allarga lentamente comprendendo nel viso, prima la bocca, piccola, anch'essa quasi femminea, incorniciata tra baffetti simmetrici e folta barba bionda, anche i lunghi capelli più scuri. Infine, al secondo tuono, tutto il volto, nel suo assieme, si mostra nella sua lucentezza, nella sua trasformazione ascetica, nella sua somiglianza alla bellezza divina[164] che, a differenza degli archetipi bizantini di Teofane e dei contemporanei, reca lineamenti più gentili, più androgini, specie nella metà inferiore del volto. Inizia lo scroscio della pioggia (in *Criterion*, perché in *RusCiCo* era iniziato subito dopo il primo tuono), le tavole nude, appena incrostate sul fondo da pochi resti di colore, sembrano essere quelle sbiadite della stessa icona del Cristo lasciata alla pioggia (che cancella o che purifica) sempre più fitta, mostrando ancora gli spettri di sante immagini confuse tra le venature del legno (**inq.106C / inq.106R**). Sono molte le chiavi di lettura possibili di queste immagini e in parte vengono condizionate, o controbilanciate, a posteriori. L'ultima inquadratura (**inq.107C** a colori / **inq.107R** in bianco e nero), infatti, propone due diversi finali: in *Criterion* una conclusione colorata decisamente positiva traboccante di speranza, che porta a termine, nella contemplazione della pace naturale,

---

[162] A. Rublev, *Apostolo Paolo*, da Zvenigorod, 1400 ca., Galleria Tret'jakov, Mosca.

[163] A. Rublev, *Cristo Pantocratore* (*Spas* particolare) da Zvenigorod, 1400 ca., Galleria Tret'jakov, Mosca.

[164] Ilarion Alfeev, *"A immagine e somiglianza divina". La teologia dell'icona russa nella chiesa ortodossa*, in *Rublev e l'icona russa*, op.cit., pp.259-298.

del paradiso terreste, dopo i tuoni (maschili) di ammonimento e la pioggia (femminile) consolatoria, lo sguardo trascendente del Salvatore, un percorso ascetico tra le opere di *Rublёv*, dimostrando, tra l'altro, la somiglianza di intenti tra il cinema e l'icona, visti come «porte regali» sulla spiritualità. Il finale a colori è presente anche nella versione VHS italiana della *UniVideo* e sembra pure concordare con la sceneggiatura desunta di Franco Vigni[165]. In *RusCiCo*, il ritorno al bianco e nero, non contraddice la lettura filmico-esicastica delle pitture rubleviane, ma scompare, nella manciata di secondi del distacco finale dal mondo immaginario dell'opera, l'ottimismo naturale sprigionato dalla dominanza verde, surrogata solo dalla quiete della messa in scena, da un leggero pessimismo acromatico dell'intelligenza.

E' possibile sostenere, come per altre parti del film, che il montaggio finale si sia relazionato alla musica di Ovchinnikov, piuttosto che, al contrario, il passo filmico prestabilito abbia guidato un così serrato e sinergico fluire musicale: la composizione esplicita, infatti, una logica consequenziale costruttiva credibile e compiuta e ci sembra più pratico, più plausibile, ai fini della sincronizzazione definitiva, l'utilizzo posteriore del procedimento di assemblaggio delle inquadrature; naturalmente si tratta solo di una congettura.

Tale ipotesi trova credito nella dichiarazione di Simonetta Salvestroni[166] quando afferma che quest'ultimo brano di Ovchinnikov, è stato scelto da Tarkovskij, «per il momento culminante del suo film» e che fa parte dell'*Oratorio per Sergij di Radonež*, opera precedente del compositore russo (1958) e successivamente rielaborata nel 1978 e 1985[167]. Come già spiegato per la *Passione*, è nella dedica dell'oratorio che nascono e si celano le motivazioni primarie dell'opera filmica: *Sergio di Radonež* è il maestro spirituale del monachesimo ascetico e contemplativo prettamente russo, al quale aderiscono Andrei, Daniil il Nero e Kirill: tutti e tre iniziano la loro storia (nel film) partendo dal Convento della Trinità, fondato proprio da Sergio di Radonež, ed è lì che ritorna Andrei (dopo il miracolo di Boriska) chiamato da Nikon, successore di Sergij, per affrescare la nuova chiesa in pietra. I principi morali che guidano Rublёv attraverso la sua esperienza nel mondo, sono quelli predicati dal suo

---

[165] Franco Vigni, op.cit., pag.118, **inq. 393** (corr. a **inq.107C/inq.107R**).
[166] cfr. Simonetta Salvestroni, *Il cinema di Tarkovskij e la tradizione russa*, op. cit.
[167] Informazioni dal sito citato nella nota 16.

priore, e prevedevano, innanzi tutto, nel profilo morale del monaco, «oltre alle virtù tradizionali dell'umiltà e della mitezza, [...anche] l'affabilità, l'amorevolezza, la bontà di cuore.»[168]. E' su queste basi che si innesta lo stridente contrasto (uno dei temi conduttori del film) prima con la tradizione pittorica bizantina del laico Teofane, poi con le esperienze condotte nel mondo reale che porteranno il pittore (nella riflessione romanzata del regista), da principio, alla chiusura in sé stesso e al mutismo, poi alla rigenerata speranza nell'arte e nel genere umano e nella fiducia nei disegni incomprensibili del divino o, per altri versi, della natura, della terra e dell'universo.

---

[168] Ol'ga S. Popov, op. cit., pag 74.

Conclusioni

Ecco in sintesi le principali differenze caratterizzanti le due versioni:

- Troviamo in *Criterion* due interventi musicali completamente rimossi dal testo *RusCiCo*: uno nella *Parte prima* del film, nell'Episodio *Theophanes the Greek /Summer-Winter-Spring-Summer 1405-1406*, ove un brano orchestrale della durata di circa 40 sec. con tre inquadrature (**inqq.38C, 39C e 40C**) mancano nel testo *RusCiCo*. L'altro invece, nella *Parte seconda*, nell'Episodio *The Bell, Spring-Summer-Winter-Spring 1423-1424*, ove sparisce un brano corale della durata di 2 min. e 24 sec. circa che accompagna sei inquadrature (**inqq.58C, 59C,60C, 61C, 62C e 63C**) presenti anche in *RusCiCo* ma con altra sonorizzazione.

- In *RusCiCo*, si rileva la tendenza ad ancorare maggiormente il flusso emozionale/temporale delle immagini a quello della musica (quindi enfatizzare il potenziale illustrativo e commentatorio del linguaggio musicale) con due atteggiamenti d'intervento diametralmente ed eticamente opposti: uno, rispettoso della composizione, sembra adeguare, specie il montaggio, alla logica del discorso musicale[169] (inseriamo in questo gruppo *Titoli di testa* e *Prologo*, per alcuni versi il piano sequenza tagliato ne *Il Buffone*, la presenza costante e completa della colonna sonora nell'episodio *La Cerimonia*); l'altro, incurante della completezza e unità formale del brano musicale, considerato esclusivamente nella sua funzionalità al visivo, ritaglia solo le parti necessarie a rinforzare le immagini o ad aggiungere ad esse una coloritura supplementare (qui trovano collocazione i flashback del Giovane Principe, la sua salita sui tetti con visione devastante del saccheggio tataro , la presa della cattedrale e scene attigue, nell'episodio *L'incursione* della seconda parte del film). E'

---

[169] Tale modo d'agire è in parte descritto e riconosciuto in "Scolpire il tempo", op.cit., pag 146:
«La musica, tuttavia, non costituisce soltanto un'aggiunta all'immagine. Essa deve costituire un elemento eesenziale nella realizzazione dell'idea generale.». E più avanti, a pag.148: «La musica strumentale, invece, è un'arte talmente autonoma che è assai più difficile far sì che essa si dissolva nel film e ne divenga una parte organica. Di conseguenza il suo impiego costituisce sempre un compromesso, poiché essa è sempre illustrativa.».

ovvio che tale ultima operazione, oltre alla rinuncia alla possibile e poetica convivenza tra piani sensoriali diversi e ad organizzazioni autonome dei linguaggi (ben riscontrabili nell'edizione *Criterion*), sfocia ad una lettura diversa, per forza univoca e tendente a privilegiare la dimensione visiva.

- La digitalizzazione dell'audio in *RusCiCo*, pur meritevole nel complesso delle sue intenzioni di recupero e ricostruzione di porzioni di traccia perdute o rovinate , filtraggio da disturbi (*noise reduction*) e ammodernamento (*dolby digital 5.1*), rimane comunque un'operazione arbitraria, criticabile sin dal suo nascere. In alcuni casi, la ricomparsa di tracciati sonori e la chiarezza dell'audio in genere, sono stati d'aiuto per giungere ad una lettura alternativa e comunque valida rispetto alla precedente edizione *Criterion* (vedi soprattutto per *Prologo, La Cerimonia, L'incursione*). Per altri versi invece, si rimprovera l'abuso talvolta invasivo di effetti digitali e di missaggio (vedi in particolare l'episodio *La Campana*).

- Le uniche due sezioni che manifestano inalterato, in entrambi i testi, il medesimo rapporto e articolazione tra musica e immagini sono, prima di tutto, la lunga scena girata in interni a colori, nella parte dedicata alle opere di *Rublëv*, nel finale del film, poi, l'episodio (o sezione dell'episodio *Teofane il Greco*) *La Passione secondo Andreij* ove la scansione tra colonna sonora musicale e montaggio delle inquadrature coincide con una certa esattezza (solo la voce fuori campo è leggermente in anticipo in *RusCiCo*). Sappiamo che entrambe le parti musicali di queste sezioni filmiche, derivano dall'*Oratorio per Sergij di Radonež*, opera scritta precedentemente da Ovchinnikov e sono state scelte da Tarkovskij in persona per la colonna sonora del film; con molta probabilità, trattandosi di brani musicali appartenenti ad un repertorio di pura musica sacra, non scritta per il cinema, il regista li rispetta pienamente e di conseguenza non evidenziano alcuna sottrazione o manomissione. Riteniamo che l'identità e la conservazione di queste due sezioni nelle due edizioni, ne provino l'alta qualità filmica raggiunta specie per la sintesi sincronica tra visivo e sonoro musicale, vista anche come esemplare, stretta e sinergica collaborazione tra regista e compositore, con la certezza che (in questo caso) il modello di articolazione prevalente di entrambe le sezioni, sia quello musicale. Tale atteggiamento generale di rispetto dell'autonomia, se non alle volte preminenza dello scrivere musicale dimostrato nel *Rubliov*, ci convince a registrare il film in un comparto particolare del Tarkovskij di prima maniera, proprio per questo rapporto attento e fattivo con Ovchinnikov, di certo più prolifico e innovativo dei precedenti *Il rullo compressore e il violino* e *L'infanzia di Ivan*.

- Anche il *Preludio* strumentale iniziale (quello che accompagna i titoli di testa), appartiene all'Oratorio di Ovchinnikov; alcuni suoi incisi sono ripresi ed elaborati nell'ultimo brano musicale del film (nella parte a colori) creando un remoto richiamo sonoro, fatto di memoria uditiva, tra inizio e fine. Non si tratta però di una semplice chiusura del cerchio o di un «ritornello», perché la percezione del pezzo conclusivo rielaborato, si annuncia positiva e nel contempo misteriosa, in virtù della trasformazione pseudo-maggiore del suo esordio e della chiusura strumentale polimodale «trinitaria». Di conseguenza la lettura del finale sonoro del film, predisposto da Tarkovsij in musica non umana, ma della natura (tuono e pioggia), priva cioè di connotati emozionali precisi e codificabili (che riconducono ad una nuova concezione del sonoro cinematografico), rimane aperta e libera, polivoca sul piano acustico, ma parzialmente influenzabile dal visivo, ossia dalla presenza o meno del colore nell'ultima inquadratura.

- Nell'edizione *RusCiCo*, ossia in *Andreij Rubliov*, ci sembra (non ne siamo certi) che il regista si cimenti con un tentativo anticipatore di ricerca (come si è rilevato in alcune circostanze dell'episodio *La Campana*) di un nuovo rapporto tra immagine e rumore o di convivenza di questo con l'apparato musicale, all'interno di una più ampia concezione futura ben descritta nel capitolo *Della musica e dei rumori* in *Scolpire il tempo* e riscontrabile nelle sue opere successive.

- La precedente copia VHS in italiano della *UniVideo* evidenzia lacune nel visivo e nel sonoro, ossia dipende dal modello *RusCiCo* ma si notano brutte cesure spesso immotivate che tradiscono la buona fattura dell'archetipo russo. Nel suo assieme strutturale, il testo sembra corrispondere alla copia visionata e descritta da Franco Vigni nella sua *Sceneggiatura desunta del film*, più volte citata, nonostante i dialoghi non sempre collimino (probabilmente le traduzioni e il doppiaggio provengono da fonti diverse).

Appendice 1

Griglia di confronto
dei brani musicali presenti nelle due edizioni
Criterion e *RusCiCo*

Marcatori	Criterion Brani e durate	Marcatori	RusCiCo Brani e durate
1	*Titoli di testa*	**1**	*Titoli di testa*
		0.21"- 0.43	Rintocchi di campane tub.
0.31"- 2.37"	*Preludio* (2.06") da *Oratorio per Sergij di Radonež* (brano 1 senza campane tub.)	0.43"- 2.45"	*Preludio* (2.02") da *Oratorio per Sergij di Radonež* (brano 1)
		2.45"- 2.50"	Rintocchi di campane tub.
2	*Prologue*	**2**	*Prologo*
		2.50"- 3.13"	Rintocchi di campane tub
3.14"- 3.26"	*Tema del volo* (intr.12")	3.14"-3.26"	*Tema del volo* (intr.12")
3.51"- 7.15"	*Tema del volo* (3.26")	3.40"- 6.48"	*Tema del volo* (3.08")
7.15"- 7.21"	*Tema del volo* (motivo intr. parziale e senza campane tub.) (6")	6.48"- 7.02"	*Tema del volo* (motivo intr. con campane tub.) (14")
3	*The Jester*	**3**	*Il Buffone*
10.38"-12.47"	*Canzone del buffone* (2.09")	8.25"- 10.33"	*Canzone del buffone* (2.08")
4		**4**	
13.05"-20.40"	*Triste cantilena* (voce sola, con accompagnamento, voce sola) (7.35")	10.50"-17.35"	*Triste cantilena* (voce sola, con accompagnamento, voce sola) (6.45")
5	*Theofanes the Greek*		*Teofane il Greco*
48.17" 48.56"	*Volo del cigno* (39")		
6	*Theofanes the Greek*	**5**	*La Passione secondo Andrei*
51.51" 56.48"	*Oratorio per Sergij di Radonež* (compreso lungo ostinato del timpano) (4.57") (brano 2)	42.56" 47.43"	*Oratorio per Sergij di Radonež* (compreso lungo ostinato del timpano) (4.47") (brano 2)
7	*The Holiday*	**6**	*La Cerimonia*
57.00"1.06.21"	*The Holiday* (9.21")	47.45"-56.11" 59.12"1.01.18	*La Cerimonia* (8.26") *Motivo del rito fluviale* (2.06")

8 1.33.42" 1.34.40" Marcatori	The Last Judgement Triste cantilena (da The Jester) con accomp.(58") **Criterion** Brani e durate			Marcatori	Il Giudizio Universale **RusCiCo** Brani e durate
9 1.41.30"- 1.42.35"	The Raid Primo ricordo (1.05")			7 1.25.06"- 1.27.10"	L'incursione Primo ricordo (2.04") (due ricordi Criterion)
10 1.46.17"- 1.48.09"	Secondo ricordo, desiderio e ricordo (1.52")				
11 1.50.24"- 1.54.15"	Motivo della presa della Cattedrale (3.51")			8 1.32.00"- 1.34.43"	Motivo della presa della Cattedrale (con tagli) (2.43")
12 1.57.36"- 1.59.04"	Terzo ricordo (1.28")			9 1.38.12"- 1.39.35"	Secondo ricordo (terzo Criterion) (1.23")
13 2.01.03"- 2.02.27"	Visione dall'alto del Giovane Principe (senza ostinato finale del tamburo) (1.24")			10 1.41.10"- 1.42.43"	Visione dall'alto del Giovane Principe (con ripetizioni e tagli) (1.33")
	The Charity				Il Silenzio
	The Bell				La Campana
14 2.46.14"- 2.47.18"	Ricordo dell'albero (1.04")			11 2.18.32"- 2.20.04"	Ricordo di Andrej (somma della Triste cantilena e del sogno di Boriska) (1.32")
15 2.58.35"- 2.59.13"	Sogno di Boriska (38")				
16 3.06.18"- 3.08.43"	Arrivo del Gran Principe e degli Ambasciatori italiani (2.25")				
17 3.17.12"- 3.24.22"	Oratorio per Sergij di Radonež (7.10"-brano 3)			12 2.46.22"- 2.53.13"	Oratorio per Sergij di Radonež (6.51"-brano 3)

N.B.: le durate dei brani presenti in *RusCiCo*, devono essere aumentate di circa il 4% (causa *running system* a 25fps).

.

Appendice 2

Tavole crono-fotografiche comparative

Criterion
Andrei Rublev

Prologue

Cartello *Mosfilm*	Cartelli iniziali e titolo	inq.1C
14 sec.	2 min 8 sec.	23 sec.
inq.2C	**inq.3C**	**inq.4C**
11 sec.	14 sec.	11 sec.
inq.5C	**inq.6C**	**inq.7C**
46 sec.	20 sec.	17 sec.
inq.8C	**inq.9C**	**inq.10C**
11 sec.	8 sec.	41sec.

RusCiCo
Andeij Rubliov

Prologo

Cartello *Mosfilm*	Cartelli iniziali e titolo	inq.1R
13 sec.	АНДРЕЙ РУБЛЕВ 2 min. 36 sec.	22 sec.
	inq.2R	inq.3R
Assente	13 sec.	6 sec.
inq.4R	inq.5R	inq.6R
37 sec.	16 sec.	16 sec.
inq.7R	inq.8R	inq.9R
10 sec.	7 sec.	38 sec.

Criterion
Andrei Rublev

Prologue (2)

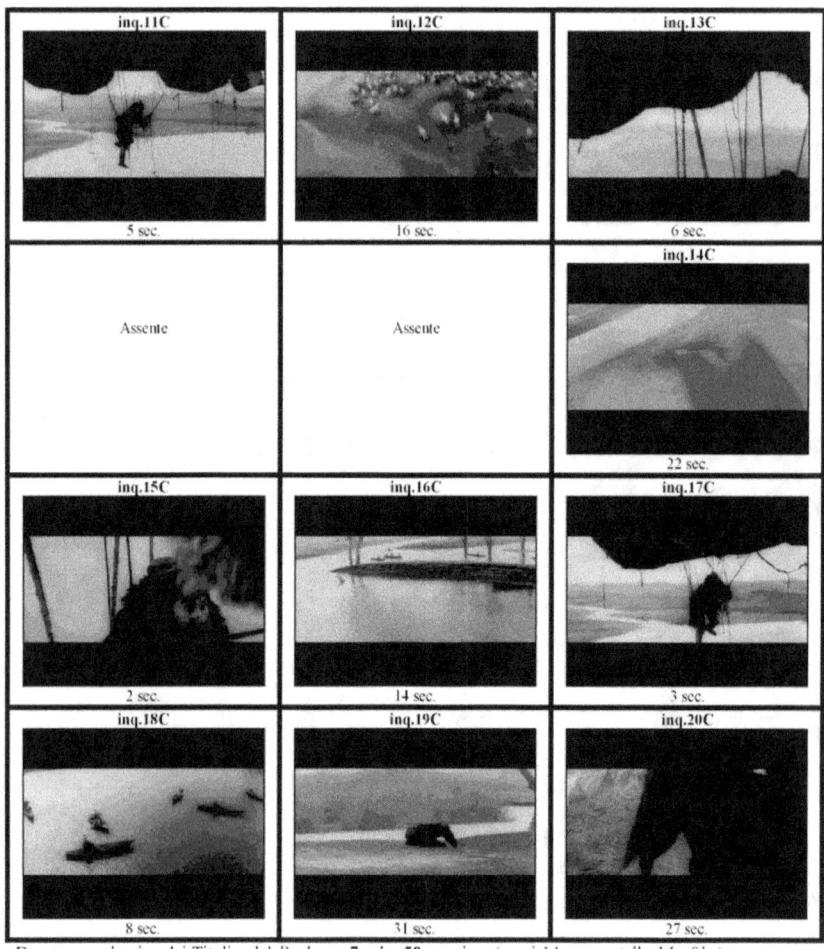

Durata complessiva dei Titoli e del *Prologue*:**7 min. 58 sec**.circa (con i 14 sec. cartello *Mosfilm*)
Disavanzo: **45 sec**. Circ

RusCiCo
Andreij Rubliov

Prologo (2)

inq.10R	inq.11R	inq.12R
6 sec.	14 sec.	5 sec.
inq.13R	inq.14R	inq.15R
6 sec.	5 sec.	17 sec.
inq.16R	inq.17R	inq.18R
1 sec.	8 sec.	3 sec.
inq. 19R	inq.20R	inq.21R
7 sec.	13 sec.	12 sec.

Durata complessiva dei Titoli e del Prologo: **7 min. 13 sec.** circa (con Cartello *Mosfilm*)

Criterion
Andrei Rublev

The Jester

Cartello Titolo	inq.1C (21)	inq.2C (22)
6 sec.	1 min.06 sec.	47 sec.
inq.3C (23)	inq.4C (24)	inq.5C (25)
23 sec.	2 min. 07 sec.	3 sec.
inq.6C (26)	inq.7C (27)	inq. 8C (28)
6 sec.	20 sec.	20 sec.
inq. 9C (29)	inq. 10C (30)	inq.11C (31)
8 sec.	5 sec.	55 sec.

RusCiCo
Andreij Rubliov

Il Buffone

Cartello Titolo		inq.1R (22)
5 sec.	Assente	43 sec.
inq.2R (23)	**inq.3R** (24)	**inq.4R** (25)
22 sec.	2 min. 04 sec.	1 sec.
inq.5R (26)	**inq.6R** (27)	**inq.7R** (28)
4 sec.	18 sec.	19 sec.
inq.8R (29)	**inq.9R** (30)	**inq.10R** (31)
7 sec.	5 sec.	45 sec.

Criterion
Andrei Rublev

The Jester (2)

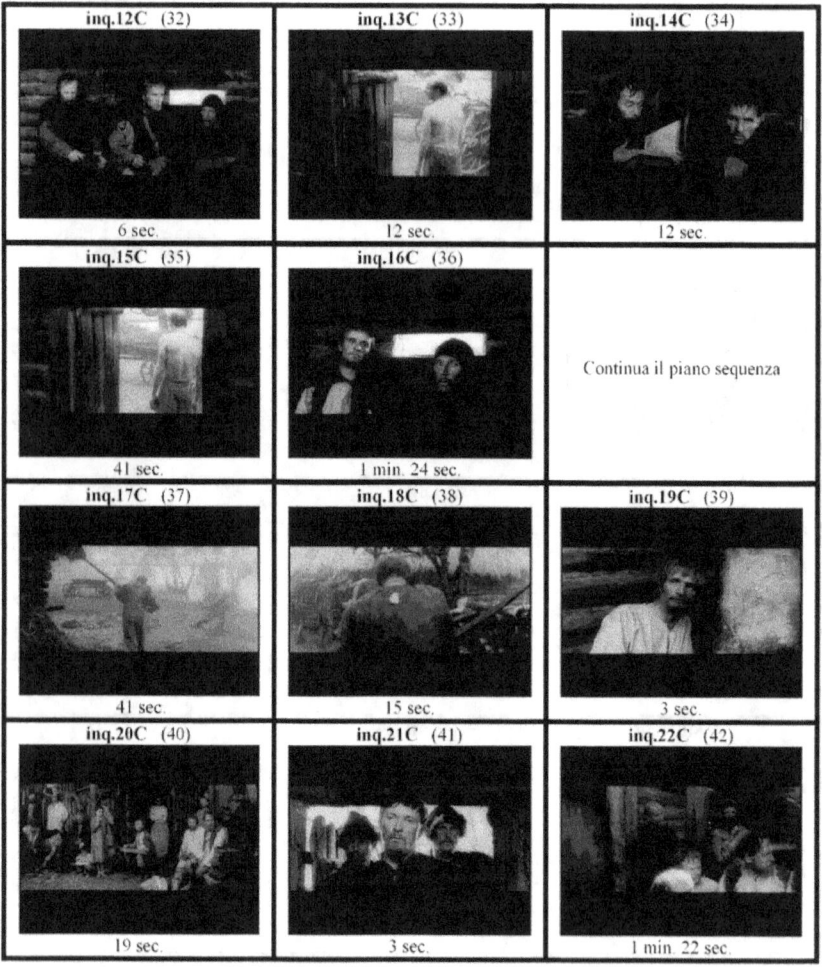

inq.12C (32)	inq.13C (33)	inq.14C (34)
6 sec.	12 sec.	12 sec.
inq.15C (35)	inq.16C (36)	Continua il piano sequenza
41 sec.	1 min. 24 sec.	
inq.17C (37)	inq.18C (38)	inq.19C (39)
41 sec.	15 sec.	3 sec.
inq.20C (40)	inq.21C (41)	inq.22C (42)
19 sec.	3 sec.	1 min. 22 sec.

RusCiCo
Andreij Rubliov

Il Buffone (2)

inq.11R (32)	inq.12R (33)	inq.13R (34)
9 sec.	11 sec.	7 sec.
inq.14R (35)	inq.15R (36)	inq.16R (37)
39 sec.	12 sec.	44 sec.
inq.17R (38)	inq.18R (39)	inq.19R (40)
39 sec.	15 sec.	1 sec.
inq.20R (41)	inq.21R (42)	inq.22R (43)
11 sec.	3 sec.	1 min. 19 sec.

Criterion
Andrei Rublev

The Jester (3)

inq.23C (43)	inq.24C (44)	
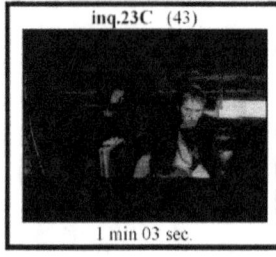		Durata episodio: **13 min. 23 sec.** circa Disavanzo: **2 min. 36 sec** circa Durata parziale del film: **21 min. 37 sec.** circa Disavanzo parziale del film: **3 min. 36 sec.** circa
1 min 03 sec.	47 sec.	

RusCiCo
Andreij Rubliov

Il Buffone (3)

inq.23R (44)	inq.24R (45)	
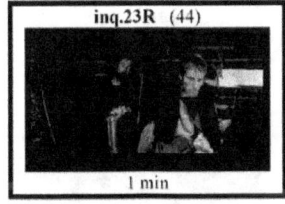		Durata dell'episodio: **10 min. 47 sec.** circa Durata parziale del film: **18 min. 01 sec.** circa
1 min	34 sec.	

116

Criterion
Andrei Rublev

Theophanes the Greek

Cartello Titolo	inq.1C (45)	inq.2C (46)
ФЕОФАН ГРЕК ЛЕТО-ЗИМА-ВЕСНА-ЛЕТО 1405-1406 гг.		
7 sec.	28 sec.	36 sec.
inq.3C (47)	inq.4C (48)	inq.5C (49)
23 sec.	7 sec.	39 sec.
inq.6C (50)	inq.7C (51)	inq.8C (52)
40 sec.	3 min. 20 sec.	2 min. 01 sec.
inq.9C (53) (10R)	inq.10C (54) (9R)	inq.11C (55) (14R)
35 sec.	19 sec.	3 min.04 sec.

117

RusCiCo
Andreij Rubliov

Teofane il Greco

Cartello Titolo	inq.1R (46)	inq.2R (47)
5 sec.	19 sec.	35 sec.
inq.3R (48)	inq.4R (49)	inq.5R (50)
21 sec.	4 sec.	38 sec.
inq.6R (51)	inq.7R (52)	inq.8R (53)
33 sec.	3 min. 16 sec.	1 min. 24 sec.
inq.9R (54)	inq.10R (55)	inq.11R (56)(12C)
13 sec.	24 sec.	53 sec.

118

Criterion
Andrei Rublev

Τηεοπηανεστηε Γρεεκ (2)

inq.12C (56) (11R)	inq.13C (57) (12R)	inq.14C (58) (13R)
1 min. 23 sec.	18 sec.	1 min. 36 sec.
inq.15C (59)	inq.16C (60)	inq.17C (61)
1 min. 53 sec.	44 sec.	8 sec.
inq.18C (62)	inq.19C (63)	inq.20C (64)
10 sec.	2 min. 39 sec.	20 sec.
inq.21C (65)	inq.22C (66)	Non è previsto il nuovo cartello
7 sec.	19 sec.	

RusCiCo
Andreij Rubliov

Teofane il Greco (2)

inq.12R (57)(13C)	inq.13R (58)(14C)	inq.14R (59)(11C)
9 sec.	1 min. 32 sec.	2 min. 24 sec.
inq.15R (60)	**inq.16R (61)**	**inq.17R (62)**
1 min. 45 sec.	46 sec.	7 sec.
inq.18R (63)	**inq.19R (64)**	**inq.20R (65)**
9 sec.	2 min. 33 sec.	18 sec.
Assente	Assente	**Cartello Titolo** *La Passione secondo Andreij* 6 sec.

Criterion
Andrei Rublev

Theophanes the Greek (3)

inq.23C (67)	inq.24C (68)	inq.25C (69)
45 sec.	10 sec.	23 sec.
inq.26C (70)	inq.27C (71)	inq.28C (72)
2 sec.	3 sec.	7 sec.
inq.29C (73)	inq.30C (74)	inq.31C (75)
19 sec.	37 sec.	27 sec.
inq.32C (76)	inq.33C (77)	inq.34C (78)
14 sec.	17 sec.	17 sec.

RusCiCo
Andreij Rubliov

La Passione secondo Andreij
(continua la numerazione)

inq.21R (66)	inq.22R (67)	inq.23R (68)
40 sec.	9 sec.	19 sec.
inq.24R (69)	inq.25R (70)	
		Assente
2 sec.	6 sec.	
	inq.26R (71)	inq.27R (72)
Assente		
	25 sec.	25 sec.
inq.28R (73)	inq.29R (74)	inq.30R (75)
8 sec.	18 sec.	14 sec.

122

Criterion
Andrei Rublev

Theophanes the Greek (4)

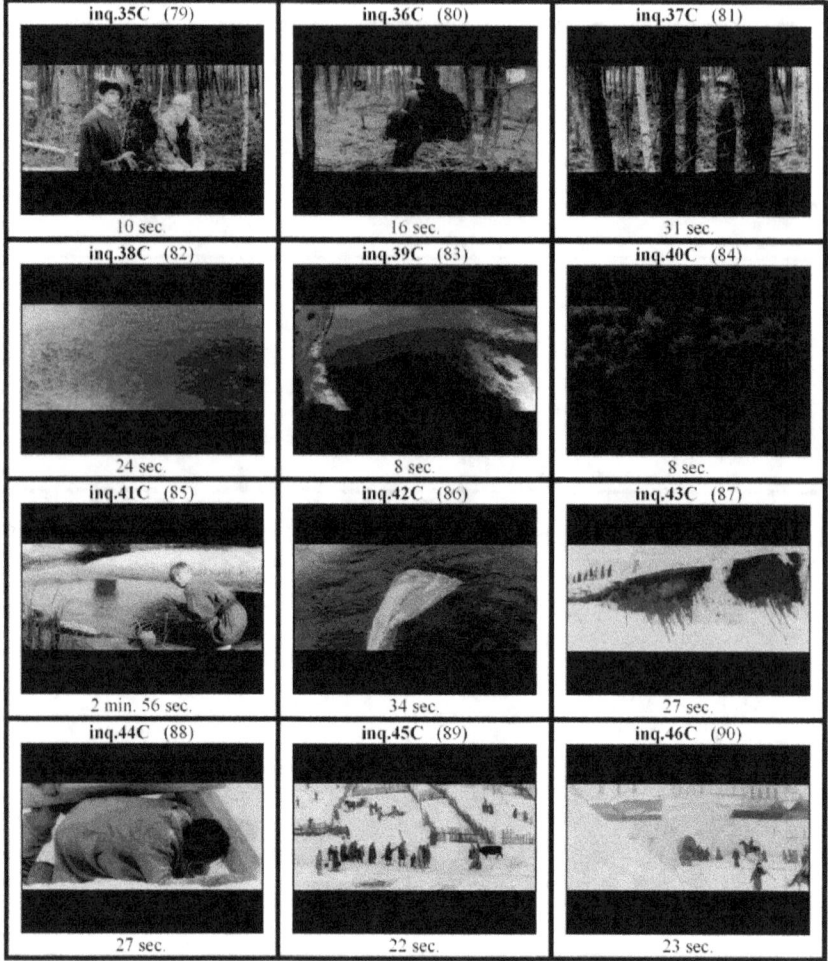

inq.35C (79)	inq.36C (80)	inq.37C (81)
10 sec.	16 sec.	31 sec.
inq.38C (82)	inq.39C (83)	inq.40C (84)
24 sec.	8 sec.	8 sec.
inq.41C (85)	inq.42C (86)	inq.43C (87)
2 min. 56 sec.	34 sec.	27 sec.
inq.44C (88)	inq.45C (89)	inq.46C (90)
27 sec.	22 sec.	23 sec.

RusCiCo
Andreij Rubliov

La Passione secondo Andreij (2)

inq.31R (76)	inq.32R (77)	inq.33R (78)
10 sec.	15 sec.	29 sec.
Assente	Assente	Assente
inq.34R (79)	inq.35R (80)	inq.36R (81)
1 min. 48 sec.	33 sec.	26 sec.
inq.37R (82)	inq.38R (83)	inq.39R (84)
26 sec.	20 sec.	24 sec.

124

Theophanes the Greek (5)

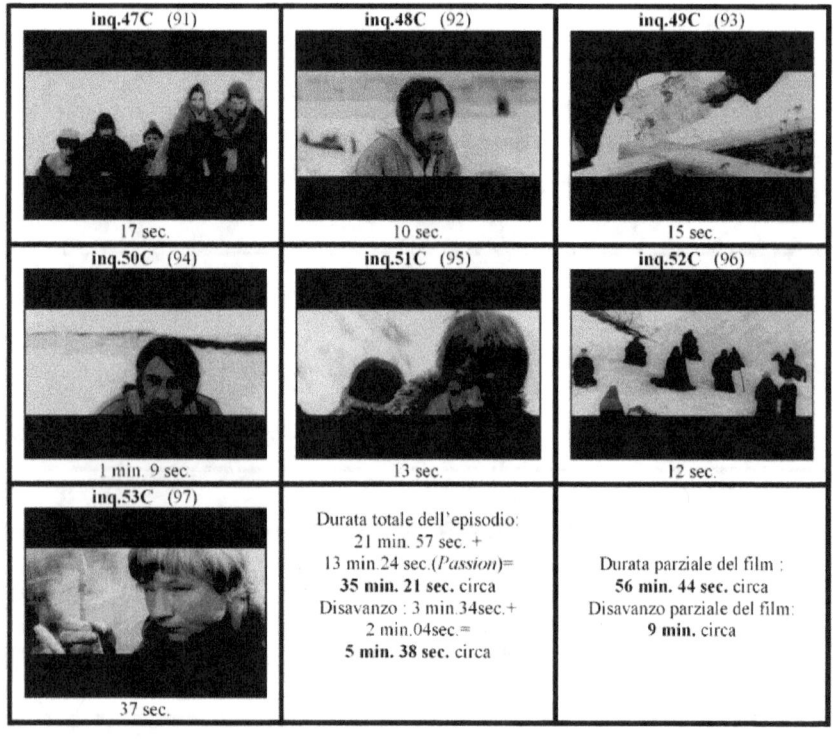

inq.47C (91)	inq.48C (92)	inq.49C (93)
17 sec.	10 sec.	15 sec.
inq.50C (94)	inq.51C (95)	inq.52C (96)
1 min. 9 sec.	13 sec.	12 sec.
inq.53C (97)	Durata totale dell'episodio: 21 min. 57 sec. + 13 min.24 sec.(*Passion*)= **35 min. 21 sec.** circa Disavanzo : 3 min.34sec.+ 2 min.04sec.= **5 min. 38 sec.** circa	Durata parziale del film : **56 min. 44 sec.** circa Disavanzo parziale del film: **9 min.** circa
37 sec.		

RusCiCo
Andreij Rubliov

La Passione secondo Andreij (3)

inq.40R (85)	inq.41R (86)	inq.42R (87)
17 sec.	9 sec.	16 sec.
inq.43R (88)	inq.44R (89)	inq.45R (90)
1 min. 07 sec.	9 sec.	13 sec.
inq.46R (91)	Durata episodio *Teofane* : 18 min. 23 sec. Durata episodio *Passione*: 11 min. 20 sec. Durata totale episodi: **29 min. 43 sec.**	Durata parziale del film: **47 min. 44 sec.** circa
26 sec.		

Criterion
Andrei Rublev

The Holiday

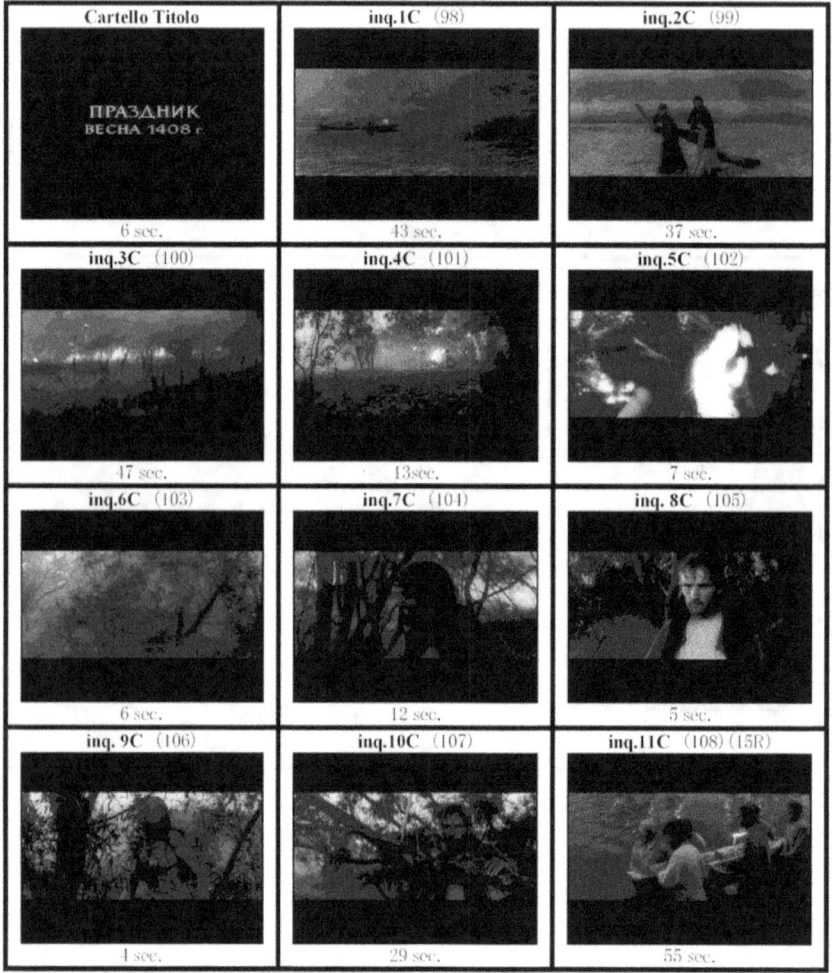

Cartello Titolo	inq.1C (98)	inq.2C (99)
ПРАЗДНИК ВЕСНА 1408 г.		
6 sec.	43 sec.	37 sec.
inq.3C (100)	inq.4C (101)	inq.5C (102)
47 sec.	13sec.	7 sec.
inq.6C (103)	inq.7C (104)	inq. 8C (105)
6 sec.	12 sec.	5 sec.
inq. 9C (106)	inq.10C (107)	inq.11C (108) (15R)
4 sec.	29 sec.	55 sec.

RusCiCo
Andreij Rubliov

La Cerimonia

Cartello Titolo	inq.1R (92)	inq.2R (93)
3 sec.	42 sec.	36 sec.
inq.3R (94)	**inq.4R** (95)	
		L'inq.4R contiene la 4C e 5C
45 sec.	19 sec.	
inq.5R (96)	**inq.6R** (97)	**inq.7R** (98)
6 sec.	11 sec.	5 sec.
inq.8R (99)	**inq.9R** (100)	
		(inq.11C)
5 sec.	27 sec.	

128

The Holiday (2)

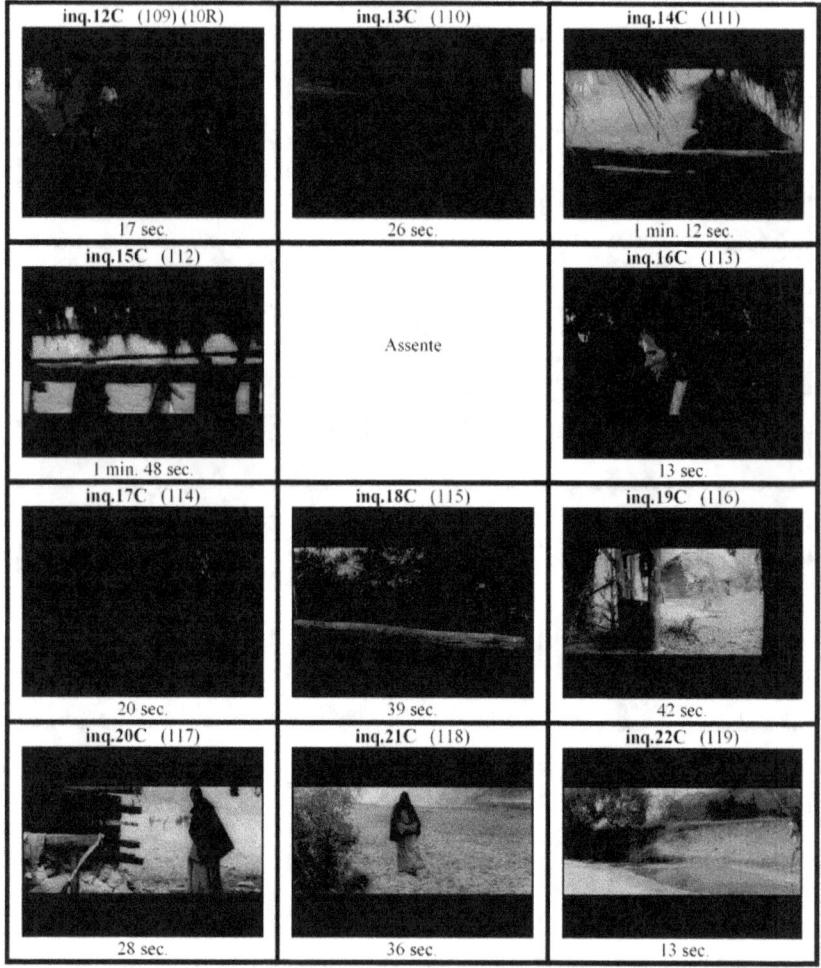

inq.12C (109) (10R)	inq.13C (110)	inq.14C (111)
17 sec.	26 sec.	1 min. 12 sec.
inq.15C (112)	Assente	inq.16C (113)
1 min. 48 sec.		13 sec.
inq.17C (114)	inq.18C (115)	inq.19C (116)
20 sec.	39 sec.	42 sec.
inq.20C (117)	inq.21C (118)	inq.22C (119)
28 sec.	36 sec.	13 sec.

RusCiCo
Andreij Rubliov

La Cerimonia (2)

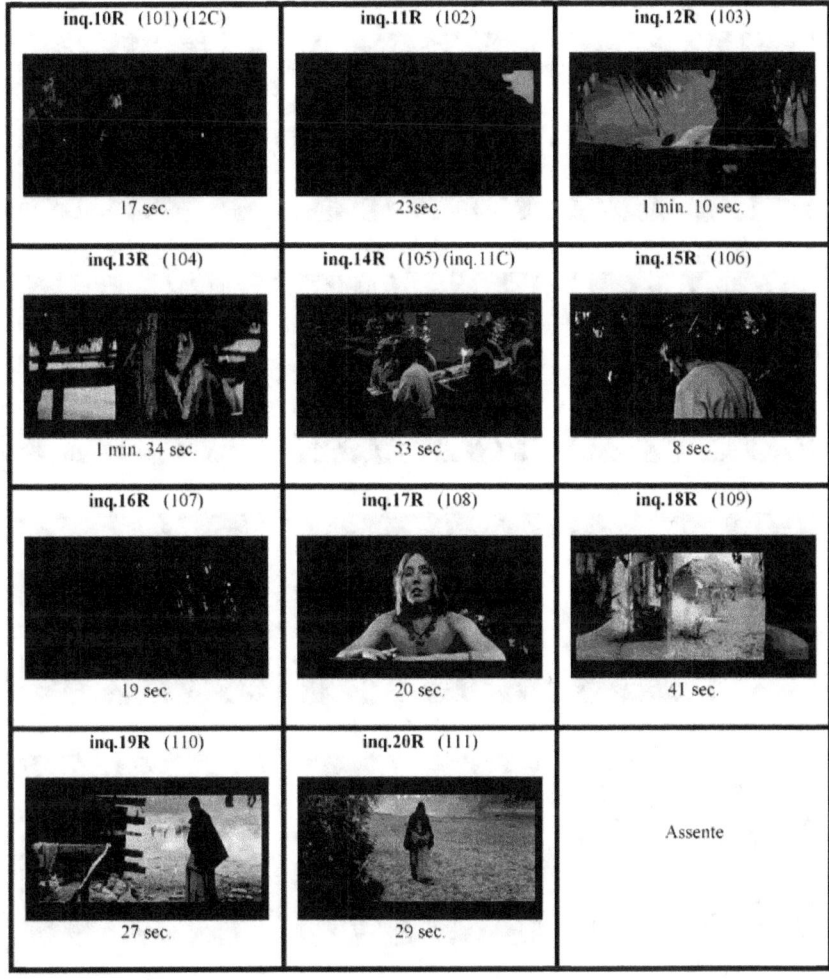

inq.10R (101) (12C)	inq.11R (102)	inq.12R (103)
17 sec.	23sec.	1 min. 10 sec.
inq.13R (104)	inq.14R (105) (inq.11C)	inq.15R (106)
1 min. 34 sec.	53 sec.	8 sec.
inq.16R (107)	inq.17R (108)	inq.18R (109)
19 sec.	20 sec.	41 sec.
inq.19R (110)	inq.20R (111)	Assente
27 sec.	29 sec.	

Criterion
Andrei Rublev

The Holiday (3)

inq.23C (120)	inq.24C (121)	inq.25C (122)
21 sec.	28 sec.	15 sec.
inq.26C (123)	inq.27C (124)	inq.28C (125)
4 sec.	15 sec.	12 sec.
inq.29C (126)	inq.30C (127)	inq.31C (128)
28 sec.	44 sec.	5 sec.
inq.32C (129)	inq.33C (130)	inq.34C (131)
4 sec.	6 sec.	14 sec.

131

RusCiCo
Andreij Rubliov

La Cerimonia (3)

inq.21R (112)	inq.22R (113)	inq.23R (114)
13 sec.	28 sec.	14 sec.
inq.24R (115)		inq.25R (116)
28 sec.	inq.24R= inq.26C+inq.27C	11 sec.
inq.26R (117)	inq.27R (118)	
21 sec.	41 sec.	Assente
	inq.28R (119)	inq.29R (120)
Assente	5 sec.	8 sec.

Criterion
Andrei Rublev

The Holiday (4)

inq.35C (132)	inq.36C (133)	
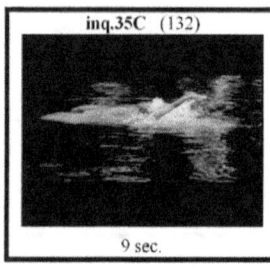	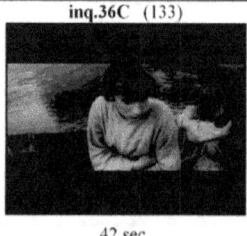	Durata dell'episodio: **15 min. 25 sec.** circa Durata parziale del film: **72 min. 09 sec.** circa Disavanzo episodio: **1 min. 51 sec.** circa Disavanzo film: **10 min. 51 sec.** circa
9 sec.	42 sec.	

RusCiCo
Andreij Rubliov

La Cerimonia (4)

inq.30R (121)	inq.31R (122)	
		Durata totale dell'episodio: **13 min. 34 sec.** Durata parziale del film: **61 min. 18 sec.**
9 sec.	36 sec.	

Criterion
Andrei Rublev

The Last Judgment

Cartello Titolo	inq.1C (134)	
СТРАШНЫЙ СУД ЛЕТО 1408 г.		**L'inq.1C prosegue** (è divisa nelle **inqq.1R+2R**)
6 sec.	1 min. 27 sec.	
inq.2C (135)		**inq.3C** (136)
	Assente	
2 min. 01 sec.		1 min. 13 sec.
inq.4C (137)	**inq.5C** (138)	**inq.6C** (139)
52 sec.	18 sec.	48 sec.
inq.7C (140)	**inq.8C** (141)	**inq.9C** (142)
57 sec.	43 sec.	7 sec.

RusCiCo
Andreij Rubliov

Il Giudizio Universale

Cartello Titolo	inq.1R (123)	inq.2R (124) (inq.1C)
2 sec.	26 sec.	15 sec.
inq.3R (125)	**inq.4R (126)**	**inq.5R (127)**
1 min. 51 sec.	10 sec.	1 min. 06 sec.
inq.6R (128)	**inq.7R (129)**	
		Assente
50 sec.	4 sec.	
inq.8R (130)	**inq.9R (131)**	**inq.10R (132)**
49 sec.	41 sec.	7 sec.

Criterion
Andrei Rublev

The Last Judgment (2)

inq.10C (143)	inq.11C (144)	inq.12C (145)
11 sec.	26 sec.	9 sec.
inq.13C (146)	inq.14C (147)	inq.15C (148)
1 min. 08 sec.	59 sec.	12 sec.
inq.16C (149)	inq.17C (150)	inq.18C (151)
22 sec.	17 sec.	30 sec.
inq19.C (152)	inq.20C (153)	inq.20C prosegue.
6 sec.	43 sec.	

RusCiCo
Andreij Rubliov

Il Giudizio Universale (2)

inq.11C (133)	inq.12R (134)	inq.13R (135)
9 sec.	25 sec.	8 sec.
inq.14R (136)	inq.15R (137)	inq.16R (138)
1 min. 04 sec.	57 sec.	11 sec.
inq.17R (139)	inq.18R (140)	inq.19R (141)
21 sec.	16 sec.	27 sec.
inq.20R (142)	inq.21R (143)	inq.22R (144)
5 sec.	12 sec.	25 sec.

Criterion
Andrei Rublev

The Last Judgment (3)

inq.21C (154)	inq.22C (155)	
43 sec.	1 min. 02 sec.	inq.23C prosegue
inq.23C (156)	inq.24C (157)	inq.25C (158)
1 min. 11 sec.	9 sec.	19 sec.
inq.26C (159)	inq.27C (160)	inq.28C (161)
21 sec.	1 min. 16 sec.	48 sec.
Assente	Assente	inq.28C prosegue

RusCiCo
Andreij Rubliov

Il Giudizio Universale (3)

inq.23R (145)	inq.24R (146)	inq.25R (147)
39 sec.	14 sec.	30 sec.
inq.26R (148)	**inq.27R** (148)	**inq.28R** (150)
1 min. 04 sec.	2 sec.	7 sec.
inq.29R (151)	**inq.30R** (152)	**inq.31R** (153)
20 sec.	1 min. 10 sec.	16 sec.
inq.32R (154)	**inq.33R** (155)	**inq.34R** (156) (28C)
12 sec.	5 sec.	13 sec.

140

Criterion
Andrei Rublev

The Last Judgment (4)

inq.29C (162)	inq.30C (163)	inq.31C (164)
1 min. 34 sec.	4 sec.	5 sec.
inq.32C (165)	inq.33C (166)	inq.34C (167)
7 sec.	19 sec.	11 sec.
inq35.C (168)	inq.36C (169)	inq.37C (170)
7 sec.	17 sec.	50 sec.
inq.38C (171)	inq.39C (172)	inq.40C (173)
57 sec.	7 sec.	8 sec.

Durata dell'episodio: **24 min 13 sec.** circa. Durata parziale del film: **96 min. 22 sec.** circa
Disavanzo episodio: **4 min. 13 sec.** circa   Disavanzo film:**15 min. 04 sec.** circa

RusCiCo
Andreij Rubliov

Il Giudizio Universale (4)

inq.35R (157)	inq.36R (158)	inq.37R (159)
1 min. 31 sec.	4 sec.	5 sec.
inq.38R (160)	Assente	Assente
5 sec.		
Assente	Assente	inq.39R (161)
		48 sec.
inq.40R (162)	inq.41R (163)	inq.42R (164)
55 sec.	7 sec.	6 sec.

Durata dell'episodio: **20 min.** circa
Durata parziale del film : **80 min. 18 sec.**

Parte seconda
Criterion
Andrei Rublev

The Raid

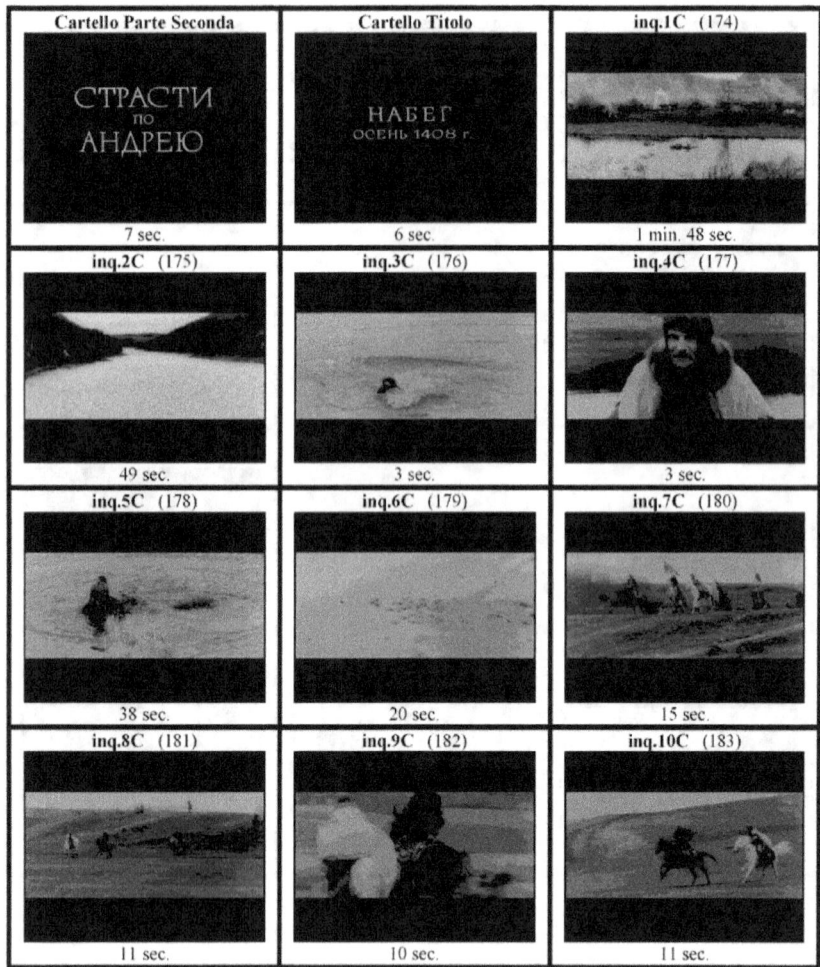

Cartello Parte Seconda	Cartello Titolo	inq.1C (174)
7 sec.	6 sec.	1 min. 48 sec.
inq.2C (175)	inq.3C (176)	inq.4C (177)
49 sec.	3 sec.	3 sec.
inq.5C (178)	inq.6C (179)	inq.7C (180)
38 sec.	20 sec.	15 sec.
inq.8C (181)	inq.9C (182)	inq.10C (183)
11 sec.	10 sec.	11 sec.

Parte seconda
RusCiCo
Andreij Rubliov

L'incursione

Cartello Parte Seconda	Cartello Titolo	inq.1R (165)
sec.	sec.	1 min. 33 sec.
inq.2R (166)		inq.3R (167)
	inq.2R contiene le inqq.2C e 3C	
46 sec.		2 sec.
inq.4R (168)	inq.5R (169)	inq.6R (170)
19 sec.	18 sec.	14 sec.
inq.7R (171)	inq.8R (172)	inq.9R (173)
10 sec.	10 sec.	8 sec.

Criterion
Andrei Rublev

The Raid (2)

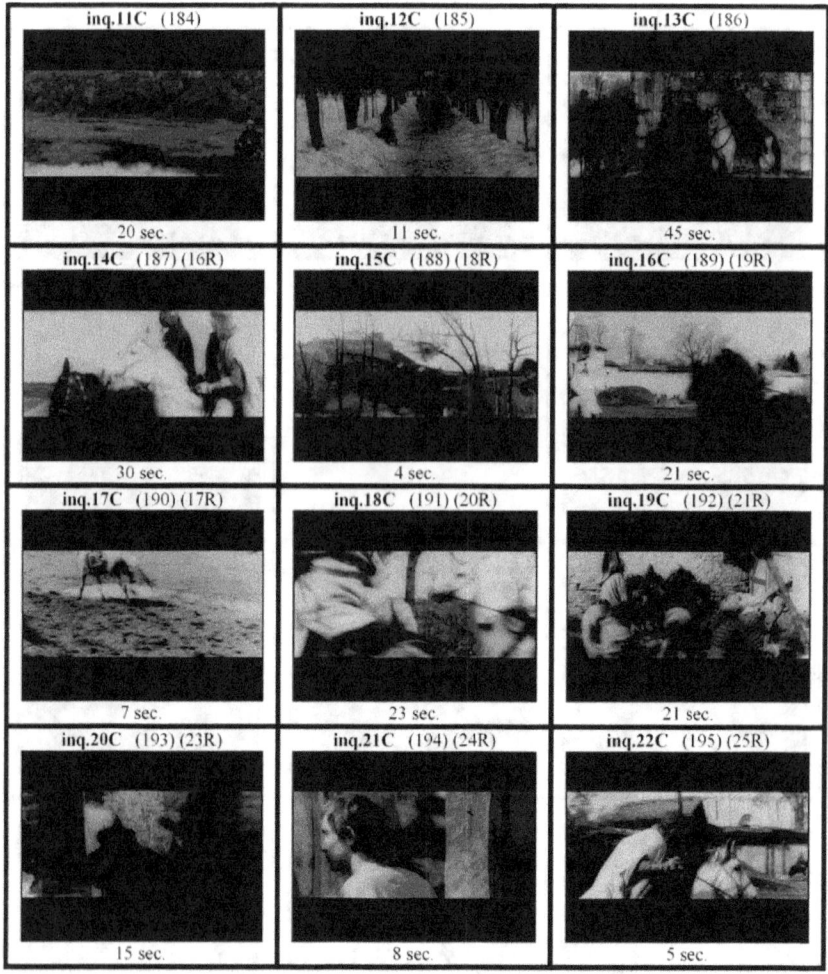

inq.11C (184)	inq.12C (185)	inq.13C (186)
20 sec.	11 sec.	45 sec.
inq.14C (187) (16R)	inq.15C (188) (18R)	inq.16C (189) (19R)
30 sec.	4 sec.	21 sec.
inq.17C (190) (17R)	inq.18C (191) (20R)	inq.19C (192) (21R)
7 sec.	23 sec.	21 sec.
inq.20C (193) (23R)	inq.21C (194) (24R)	inq.22C (195) (25R)
15 sec.	8 sec.	5 sec.

145

L'incursione (2)

Criterion
Andrei Rublev

The Raid (3)

inq.23C (196) (26R)	inq. 24C (197) (27R)	inq.25C (198) (28R)
10 sec.	11 sec.	2 sec.
inq.26C (199) (29R)	inq.27C (200) (30R 31R)	inq.28C (201) (35R)
3 sec.	36 sec.	13 sec.
inq.29C (202)	inq.30C (203)	inq.31C (204)
5 sec.	6 sec.	3 sec.
inq.32C (205)	inq.33C (206) (13R)	inq.34C (207)
5 sec.	10 sec.	10 sec.

147

RusCiCo
Andreij Rubliov

L'incursione (3)

inq.22R (186) (39C)	inq.23R (187) (20C)	inq.24R (188) (21C)
14 sec.	12 sec.	7 sec.
inq.25R (189) (22C)	inq.26R (190) (23C)	inq.27R (191) (24C)
6 sec.	4 sec.	8 sec.
inq.28R (192) (25C)	inq.29R (193) (26C)	inq.30R (194) (27C)
1 sec.	3 sec.	4 sec.
inq.31R (195) (27C)	inq.32R (196) (42C)	inq.33R (197) (43C)
18 sec.	45 sec.	34 sec.

Criterion
Andrei Rublev

The Raid (4)

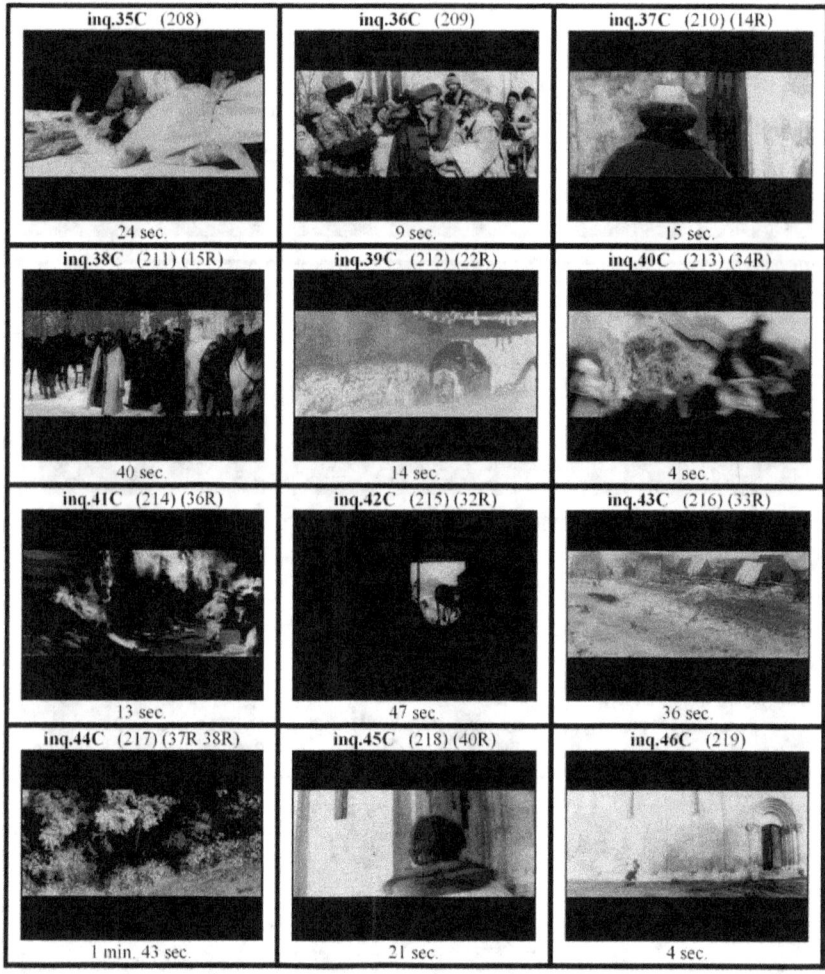

inq.35C (208)	inq.36C (209)	inq.37C (210)(14R)
24 sec.	9 sec.	15 sec.
inq.38C (211)(15R)	inq.39C (212)(22R)	inq.40C (213)(34R)
40 sec.	14 sec.	4 sec.
inq.41C (214)(36R)	inq.42C (215)(32R)	inq.43C (216)(33R)
13 sec.	47 sec.	36 sec.
inq.44C (217)(37R 38R)	inq.45C (218)(40R)	inq.46C (219)
1 min. 43 sec.	21 sec.	4 sec.

RusCiCo
Andreij Rubliov

L'incursione (4)

inq.34R (198) (40C)	inq.35R (199) (28C 30C)	inq.36R (200) (41C)
4 sec.	3 sec.	11 sec.
inq.37R (201) (44C)	inq.38R (202) (44C)	inq.39R (203) (47C)
30 sec.	57 sec.	38 sec.
inq.40R (204) (45C)	inq.41R (205) (48C)	inq.42R (206) (49C)
13 sec.	11 sec.	12 sec.
inq.43R (207) (50C)	inq.44R (208) (51C)	inq.45R (209) (52C)
3 sec.	23 sec.	10 sec.

150

Criterion
Andrei Rublev

The Raid (5)

inq.47C (220) (39R)	inq.48C (221) (41R)	inq.49C (222) (42R)
41 sec.	44 sec.	15 sec.
inq.50C (223) (43R)	inq.51C (224) (44R)	inq.52C (225) (45R)
4 sec.	26 sec.	10 sec.
inq.53C (226) (46R)	inq.54C (227) (47R)	inq.55C (228) (48R)
12 sec.	7 sec.	20 sec.
inq.56C (229) (51R)	inq.57C (230) (52R)	inq.58C (231) (53R)
1 min. 05 sec.	1 min. 03 sec.	18 sec.

151

RusCiCo
Andreij Rubliov

L'incursione (5)

Criterion
Andrei Rublev

The Raid (6)

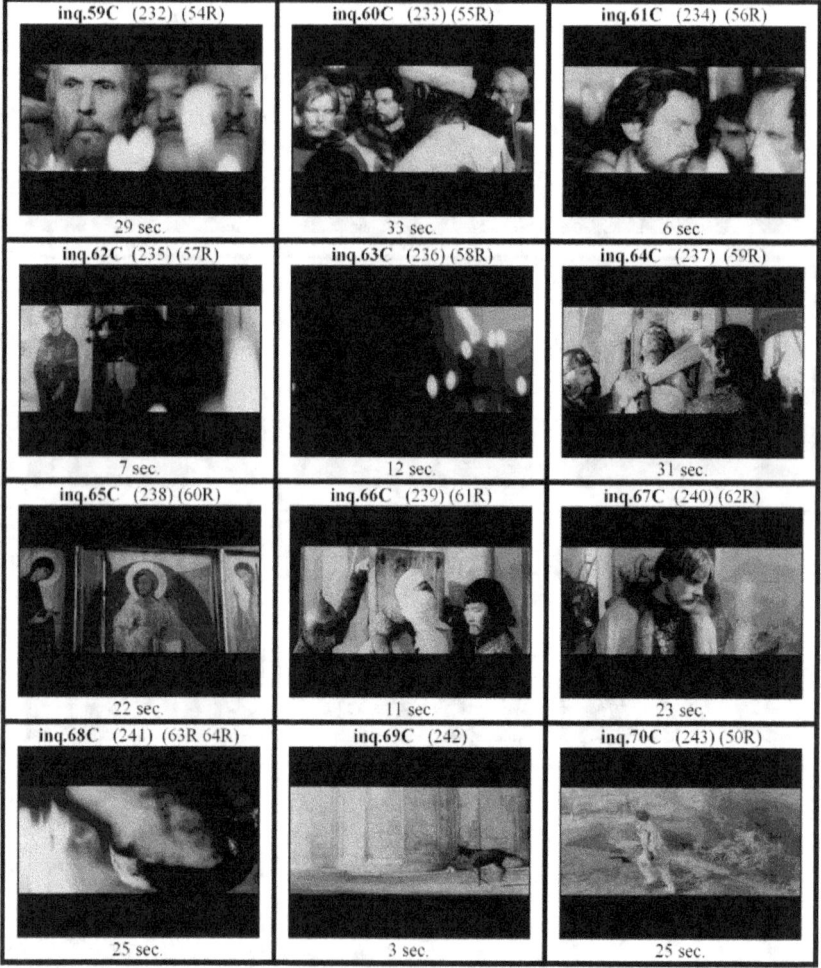

RusCiCo
Andreij Rubliov

L'incursione (6)

inq.58R (222) (63C)	inq.59R (223) (64C)	inq.60R (224) (65C)
12 sec.	24 sec.	21 sec.
inq.61R (225) (66C)	inq.62R (226) (67C)	inq.63R (227) (68C)
8 sec.	22 sec.	10 sec.
inq.64R (228) (68C)	inq.65R (229) (71C)	inq.66R (230) (72C)
11 sec.	18 sec.	17 sec.
inq.67R (231) (73C)	inq.68R (232) (74C)	inq.69R (233) (75C)
18 sec.	20 sec.	16 sec.

154

inq.71C (244) (65R)	inq.72C (245) (66R)	inq.73C (246) (67R)
21 sec.	17 sec.	22 sec.
inq.74C (247) (68R)	inq.75C (248) (69R)	inq.76C (249) (70R)
21 sec.	17 sec.	21 sec.
inq.77C (250) (71R)	inq.78C (251) (72R)	inq.79C (252) (73R)
3 sec.	40 sec.	25 sec.
inq.80C (253) (74R)	inq.81C (254) (75R)	inq.82C (255) (76R)
23 sec.	16 sec.	31 sec.

RusCiCo
Andreij Rubliov

L'incursione (7)

inq.70R (234)(76C)	inq.71R (235)(77C)	inq.72R (236)(78C)
8 sec.	4 sec.	38 sec.
inq.73R (237)(79C)	inq.74R (238)(80C)	inq.75R (239)(81C)
23 sec.	23 sec.	15 sec.
inq.76R (240)(82C)	inq.77R (241)(83C)	inq.78R (242)(84C)
29 sec.	1 min. 47 sec.	1 min. 03 sec.
inq.79R (243)(85C)	inq.80R (244)(86C)	inq.81R (245)(87C)
12 sec.	1 min.22 sec.	2 min. 15 sec.

156

Criterion
Andrei Rublev

The Raid (8)

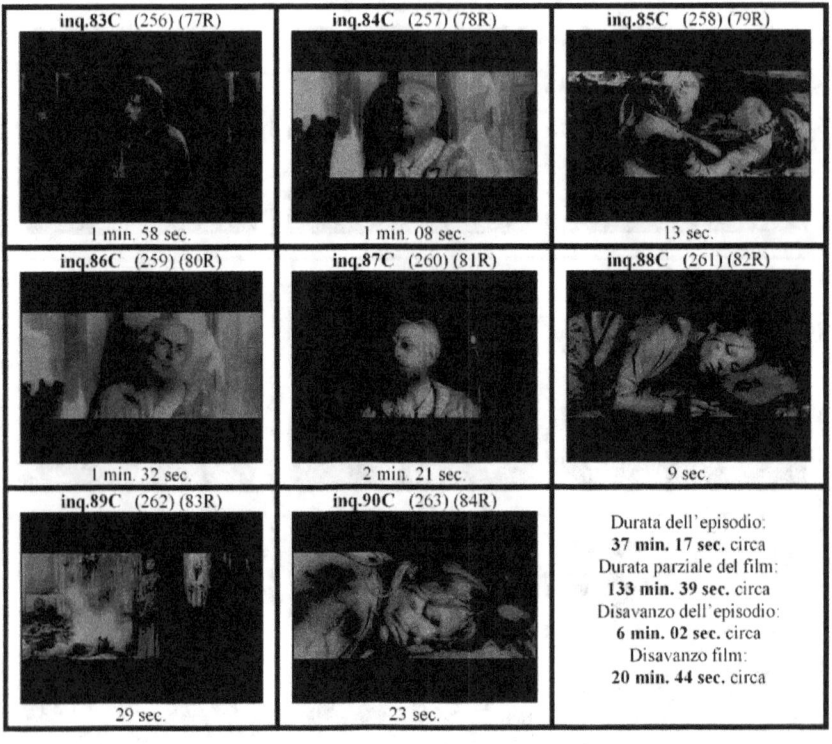

inq.83C (256) (77R)	inq.84C (257) (78R)	inq.85C (258) (79R)
1 min. 58 sec.	1 min. 08 sec.	13 sec.
inq.86C (259) (80R)	inq.87C (260) (81R)	inq.88C (261) (82R)
1 min. 32 sec.	2 min. 21 sec.	9 sec.
inq.89C (262) (83R)	inq.90C (263) (84R)	Durata dell'episodio: **37 min. 17 sec.** circa Durata parziale del film: **133 min. 39 sec.** circa Disavanzo dell'episodio: **6 min. 02 sec.** circa Disavanzo film: **20 min. 44 sec.** circa
29 sec.	23 sec.	

RusCiCo
Andreij Rubliov

L'incursione (8)

inq.82R (246) (88C)	inq.83R (247) (89C)	inq.84R (248) (90C)
8 sec.	28 sec.	19 sec.

Durata dell'episodio : **31 min. 15 sec.** circa
Durata parziale del film: **112 min. 33 sec.** circa

158

Cartello Titolo	inq.1C (264)	inq.2C (265)
6 sec.	1 min.17 sec.	12 sec.
inq.3R parte di 1C	inq.4R parte di 2C	inq.3C (266)
		1 min. 11 sec.
inq.4C (267)	inq.5R parte di 4C	inq.5C (268)
1 min. 53 sec.		37 sec.
inq.6C (269)	inq.7C (270)	inq.8C (271)
9 sec.	41 sec.	10 sec.

RusCiCo
Andreij Rubliov

Il Silenzio

Cartello Titolo	inq.1R (249)	inq.2R (250)
3 sec.	31 sec.	5 sec.
inq.3R (251) (1C)	inq.4R (252) (2C)	inq.5R (253) (3C)
19 sec.	3 sec.	9 sec.
inq.6R (254) (4C)	inq.7R (255) (4C)	inq.8R (256)
13 sec.	53 sec.	36 sec.
inq.9R (257)	inq.10R (258)	inq.11R (259) (10C)
7 sec.	42 sec.	4 sec.

Criterion
Andrei Rublev

The Charity(2)

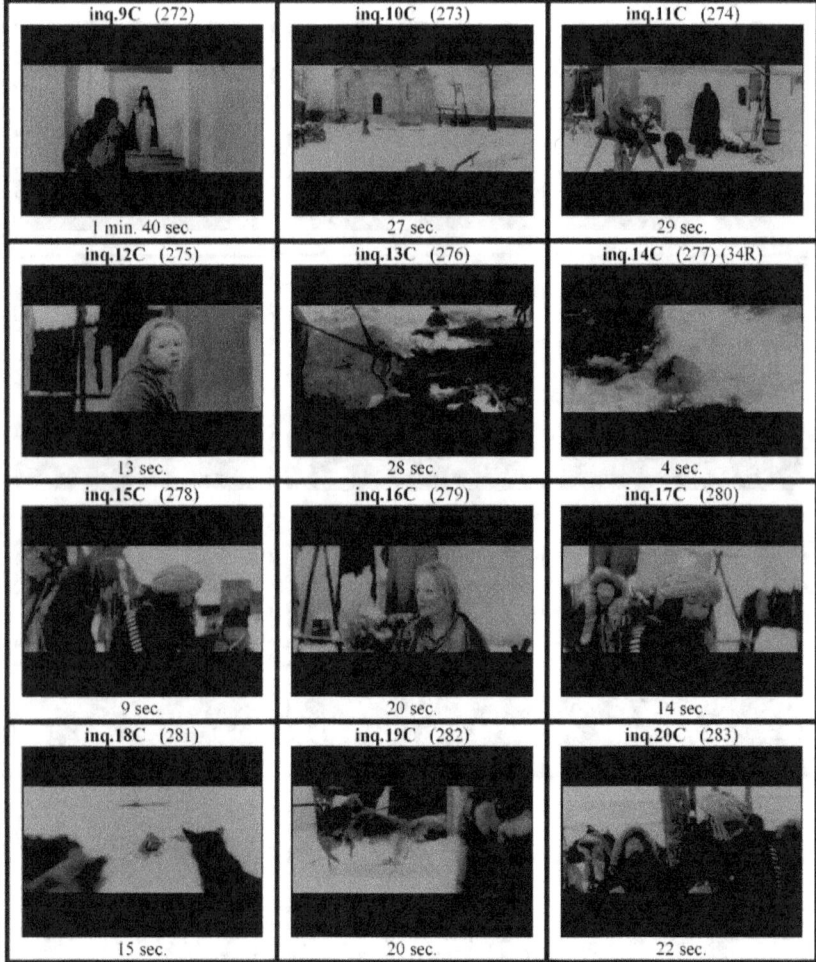

inq.9C (272)	inq.10C (273)	inq.11C (274)
1 min. 40 sec.	27 sec.	29 sec.
inq.12C (275)	inq.13C (276)	inq.14C (277) (34R)
13 sec.	28 sec.	4 sec.
inq.15C (278)	inq.16C (279)	inq.17C (280)
9 sec.	20 sec.	14 sec.
inq.18C (281)	inq.19C (282)	inq.20C (283)
15 sec.	20 sec.	22 sec.

RusCiCo
Andreij Rubliov

Il Silenzio (2)

	inq.12R (260) (11C)	inq.13R (261)
inq.9C simile a 23R posizionata prima	25 sec.	17 sec.
inq.14R (262)	**inq.15R (263)**	Uguale all'inq.14C ma posizionata alla fine.
14 sec.	26 sec.	
inq.16R (264)	**inq.17R (265)**	**inq.18R (266)**
6 sec.	21 sec.	6 sec.
inq.19R (267)	**inq.20R (268)**	**inq.21R (269)**
13 sec.	6 sec.	20 sec.

162

Criterion
Andrei Rublev

The Charity(3)

inq.21C (284)		inq.22C (285)
	inq.23R parte della precedente 9C	
20 sec.		17 sec.
inq.23C (286)	inq.24C (287)	inq.25C (288)
31 sec.	59 sec.	13 sec.
inq.26C (289)	inq.27C (290)	inq.28C (291)
5 sec.	1 min. 20 sec.	55 sec.
inq.29C (292)	inq.30C (293)	inq.31C (294)
8 sec.	6 sec.	1 min. 26 sec.

RusCiCo
Andreij Rubliov

Il Silenzio (3)

inq.22R (270)	inq.23R (271) (9C)	inq.24R (272)
18 sec.	56 sec.	9 sec.
inq.25R (273) (23C)	inq.26R (274)	inq.27R (275)
14 sec.	57 sec.	13 sec.
inq.28R (276)	inq.29R (277)	inq.30R (278)
5 sec.	1 min. 15 sec.	53 sec.
inq.31R (279)	inq.32R (280)	inq.33R (281)
8 sec.	7 sec.	1 min. 21 sec.

164

Criterion
Andrei Rublev

The Charity(4)

inq.32C (295)		
	Durata dell'episodio : **18 min. 07 sec.** circa Durata parziale del film : **151 min. 46 sec.** circa Disavanzo episodio: **5 min. 05 sec.** circa Disavanzo parziale del film: **26 min. 11 sec.** circa	
29 sec.		

RusCiCo
Andreij Rubliov

Il Silenzio (4)

	inq.34R (282) (14C)	
Assente 32C		Durata dell'episodio: **13 min. 02 sec.** circa Durata parziale del film: **125 min. 35 sec.**
	4 sec.	

166

Criterion
Andrei Rublev

The Bell

Cartello Titolo	inq.1C (296)	inq.2C (297)
8 sec.	5 sec.	17 sec.
inq.3C (298)	inq.4C (299)	inq.5C (300)
1 min. 02 sec.	15 sec.	54 sec.
inq.6C (301)	inq.7C (302)	inq.8C (303)
14sec.	35 sec.	29 sec.
inq.9C (304)	inq.10C (305)	inq.11C (306)
27 sec.	43 sec.	45 sec.

RusCiCo
Andreij Rubliov

La Campana

Cartello Titolo	inq.1R (283)	inq.2R (284)
4 sec.	4 sec.	15 sec.
inq.3R (285)	inq.4R (286)	inq.5R (287)
45 sec.	15 sec.	50 sec.
inq.6R (288)	inq.7R (289)	inq.8R (290)
12 sec.	29 sec.	27 sec.
inq.9R (291)	inq.10R (292)	inq.11R (293)
24 sec.	42 sec.	42 sec.

168

inq.12C (307)	inq.13C (308)	inq.14C (309)
24 sec.	52 sec..	1 min.7 sec.
inq15.C (310)	inq.16C (311)	inq.17C (312)
39 sec.	35 sec.	38 sec.
inq.18C (313)	inq.19C (314)	inq.20C (315)
1 min.39 sec.	1 min.47 sec.	10 sec.
inq.21C (316)	inq.22C (317)	Inq. posizionata nell'episodio: *The last Judgment* (inq.33C)
20 sec.	25 sec.	

RusCiCo
Andreij Rubliov

La Campana (2)

inq.12R (294)	inq.13R (295)	inq.14R (296)
23 sec.	49 sec.	1 min. 04 sec.
inq.15R (297)	inq.16R (298)	inq.17R (299)
38 sec.	34 sec.	29 sec.
inq.18R (300)	inq.19R (301)	inq.20R (302)
1 min. 34 sec.	1 min. 42 sec.	10 sec.
inq.21R (303)	inq.22R (304)	inq.23R (305)
20 sec.	23 sec.	18 sec.

170

Criterion
Andrei Rublev

The Bell (3)

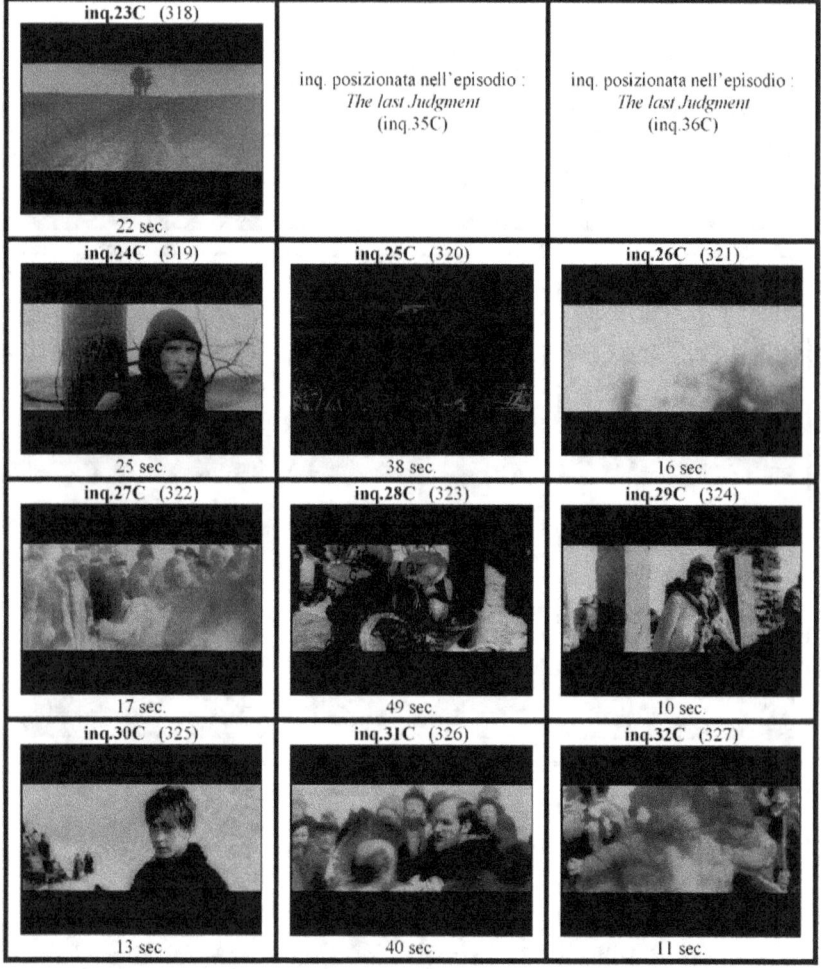

RusCiCo
Andreij Rubliov

La Campana (3)

inq.24R (306)	inq.25R (307)	inq.26R (308)
9 sec.	7 sec.	16 sec.
inq.27R (309)	**inq.28R (310)**	**inq.29R (311)**
23 sec.	37 sec.	14 sec.
Assente	**inq.30R (312)**	Assente
	47 sec.	
assente	**inq.31R (313)**	**inq.32R (314)**
	38 sec.	12 sec.

Criterion
Andrei Rublev

The Bell (4)

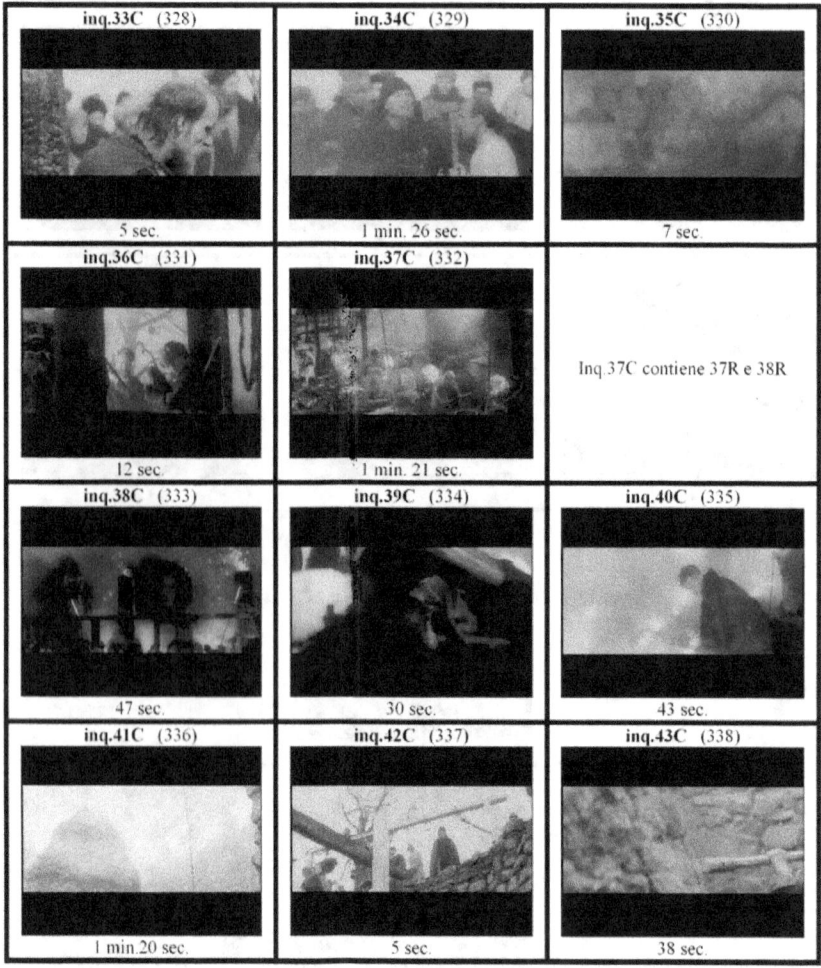

inq.33C (328)	inq.34C (329)	inq.35C (330)
5 sec.	1 min. 26 sec.	7 sec.
inq.36C (331)	inq.37C (332)	Inq.37C contiene 37R e 38R
12 sec.	1 min. 21 sec.	
inq.38C (333)	inq.39C (334)	inq.40C (335)
47 sec.	30 sec.	43 sec.
inq.41C (336)	inq.42C (337)	inq.43C (338)
1 min.20 sec.	5 sec.	38 sec.

RusCiCo
Andreij Rubliov

La Campana (4)

Criterion
Andrei Rublev

The Bell (5)

inq.44C (339)	inq.45C (340)	inq.46C (341)
12 sec.	45 sec.	17 sec.
inq.47C (342)	inq.48C (343)	inq.49C (344)
9 sec.	5 sec.	50 sec.
inq.50C (345)	inq.51C (346)	inq.52C (347)
43 sec.	1 min. 03 sec.	18 sec.
inq.53C (348)	inq.54C (349)	inq.55C (350)
30 sec.	1 min. 04 sec.	1 min. 39 sec.

RusCiCo
Andreij Rubliov

La Campana (5)

inq.45R (327)	inq.46R (328)	
		Assente
12 sec.	39 sec.	
Assente	Assente	inq.47R (329)
		52 sec.
inq.48R (330)	inq.49R (331)	inq.50R (332)
41 sec.	1 min.	16 sec.
inq.51R (333)	inq.52R (334)	inq.53R (335)
29 sec.	1 min. 01 sec.	1 min. 38 sec.

176

Criterion
Andrei Rublev

The Bell (6)

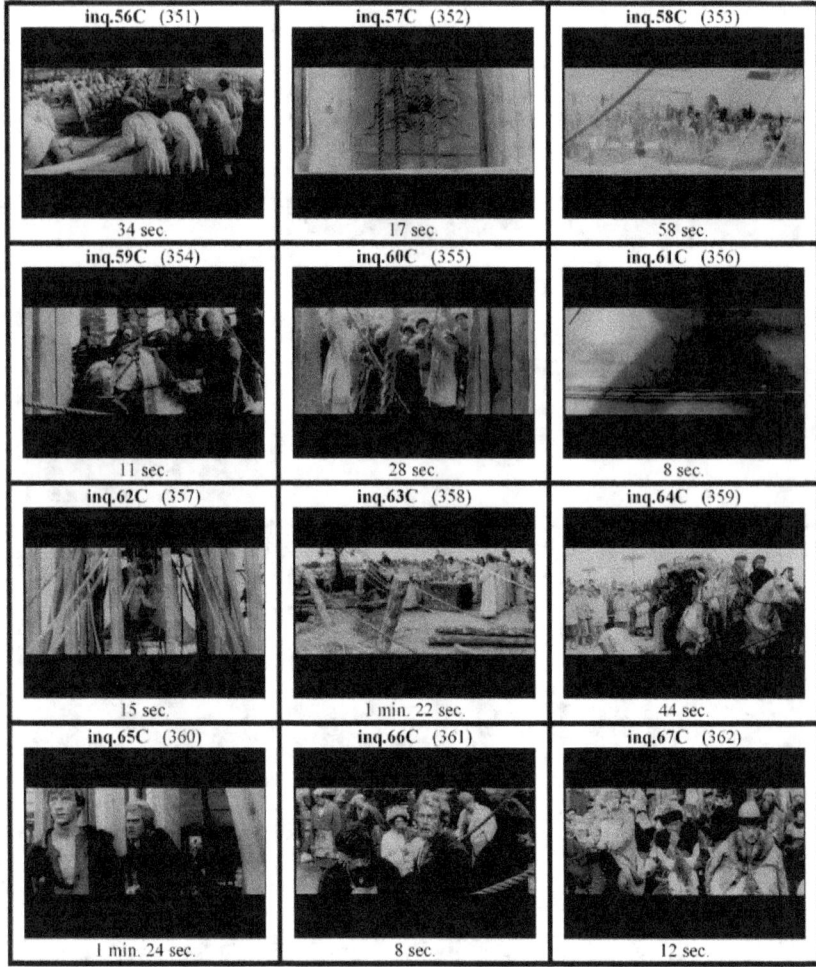

inq.56C (351)	inq.57C (352)	inq.58C (353)
34 sec.	17 sec.	58 sec.
inq.59C (354)	inq.60C (355)	inq.61C (356)
11 sec.	28 sec.	8 sec.
inq.62C (357)	inq.63C (358)	inq.64C (359)
15 sec.	1 min. 22 sec.	44 sec.
inq.65C (360)	inq.66C (361)	inq.67C (362)
1 min. 24 sec.	8 sec.	12 sec.

RusCiCo
Andreij Rubliov

La Campana (6)

inq.54R (336)	inq.55R (337)	inq.56R (338)
32 sec.	16 sec.	55 sec.
inq.57R (339)	inq.58R (340)	inq.59R (341)
11 sec.	26 sec.	8 sec.
inq.60R (342)	inq.61R (343)	inq.62R (344)
11 sec.	1 min. 07 sec.	40 sec.
inq.63R (345)	inq.66C posizionata a 67R	inq.64R (346)
1 min. 20 sec.		12 sec.

Criterion
Andrei Rublev

The Bell (7)

inq.68C (363)	inq.69C (364)	inq.70C (365)(69R)
4 sec.	9 sec.	9 sec.
inq.71C (366)		
		Assente
9 sec.		
inq.72C (367)	inq.73C (368)	inq.74C (369)
26 sec.	37 sec.	30 sec.
inq.75C (370)	inq.76C (371)	inq.77C (372)
22 sec.	1 min.25 sec.	25 sec.

RusCiCo
Andreij Rubliov

La Campana (7)

180

Criterion
Andrei Rublev

The Bell (8)

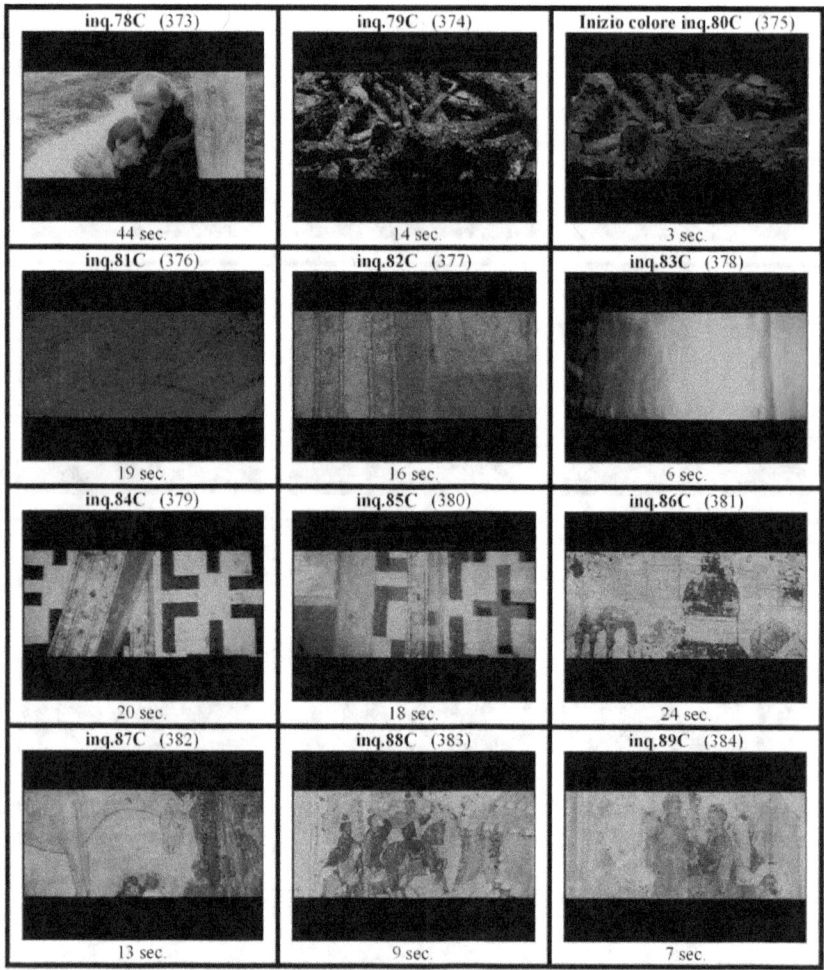

inq.78C (373)	inq.79C (374)	Inizio colore inq.80C (375)
44 sec.	14 sec.	3 sec.
inq.81C (376)	inq.82C (377)	inq.83C (378)
19 sec.	16 sec.	6 sec.
inq.84C (379)	inq.85C (380)	inq.86C (381)
20 sec.	18 sec.	24 sec.
inq.87C (382)	inq.88C (383)	inq.89C (384)
13 sec.	9 sec.	7 sec.

RusCiCo
Andreij Rubliov

La Campana (8)

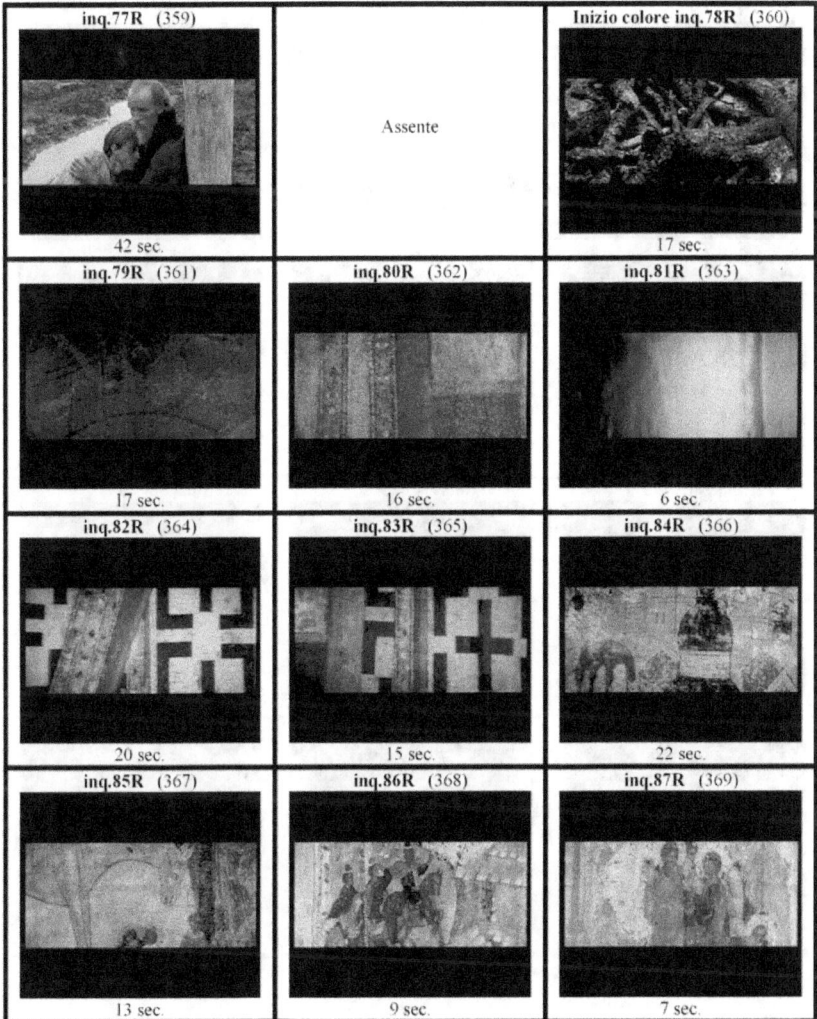

Criterion
Andrei Rublev

The Bell (9)

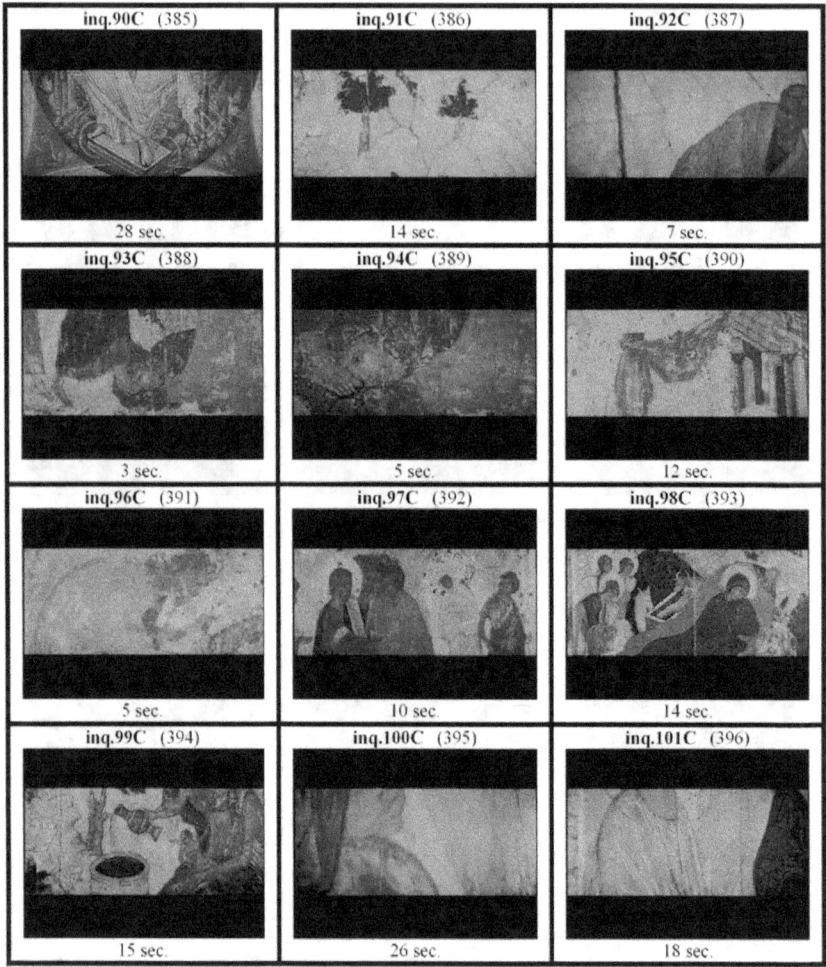

inq.90C (385)	inq.91C (386)	inq.92C (387)
28 sec.	14 sec.	7 sec.
inq.93C (388)	inq.94C (389)	inq.95C (390)
3 sec.	5 sec.	12 sec.
inq.96C (391)	inq.97C (392)	inq.98C (393)
5 sec.	10 sec.	14 sec.
inq.99C (394)	inq.100C (395)	inq.101C (396)
15 sec.	26 sec.	18 sec.

RusCiCo
Andreij Rubliov

La Campana (9)

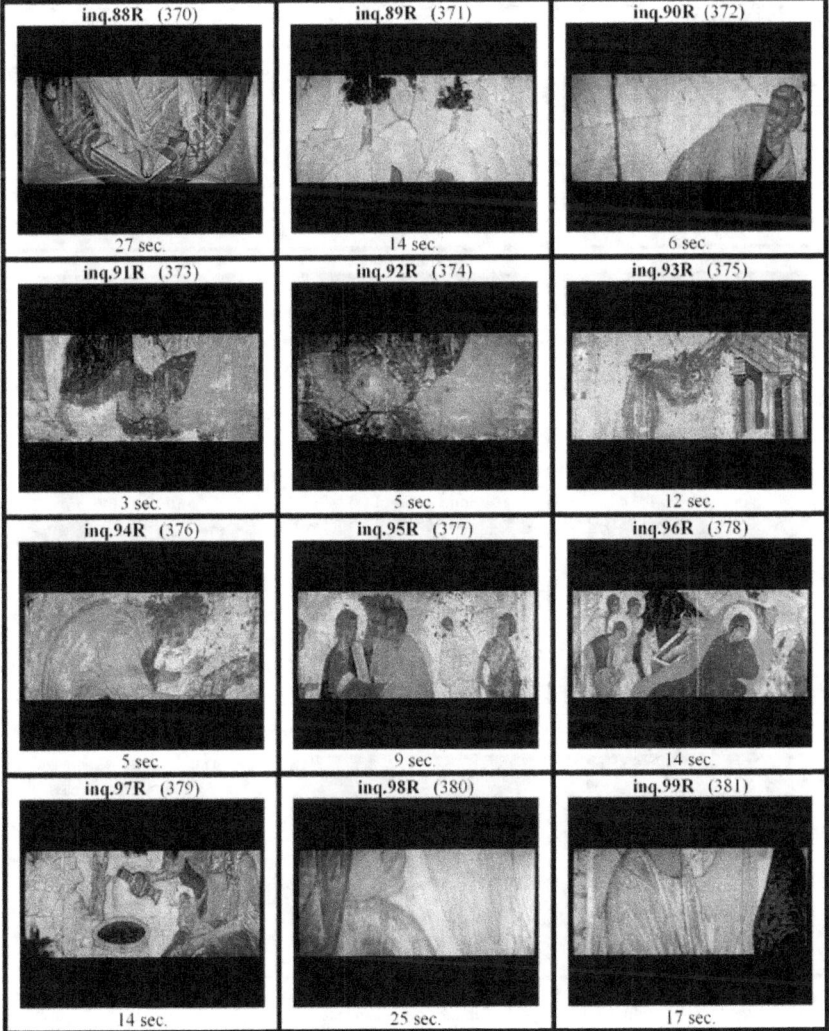

Criterion
Andrei Rublev

The Bell (10)

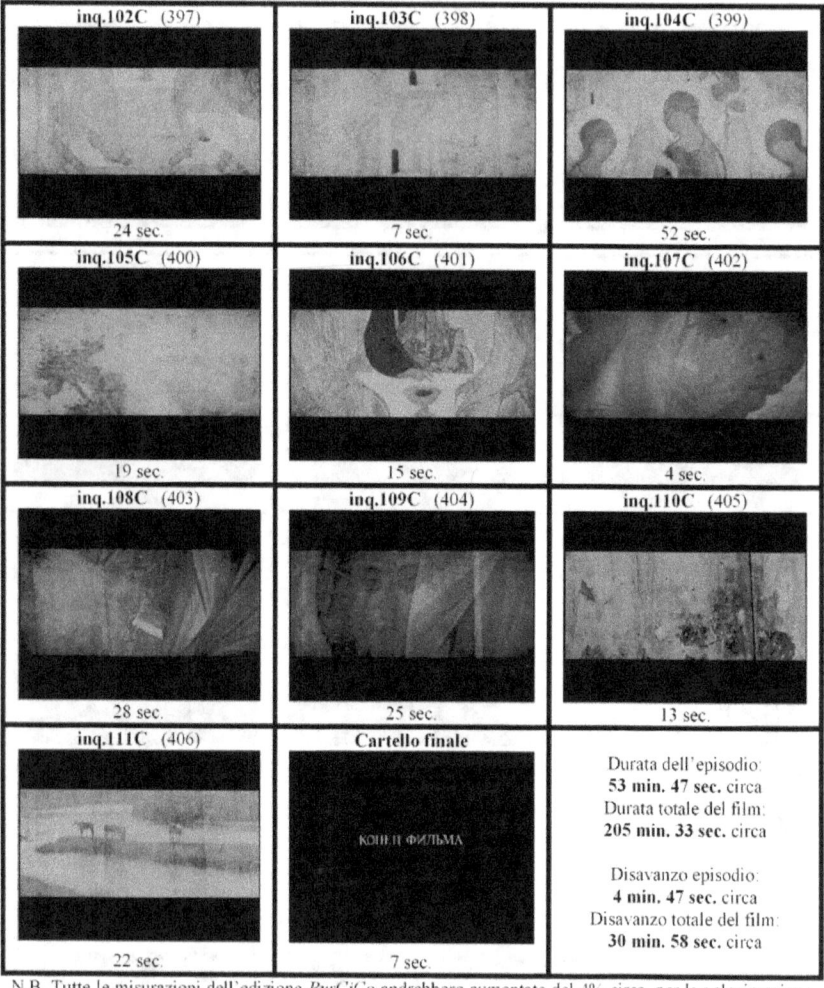

N.B. Tutte le misurazioni dell'edizione *RusCiCo* andrebbero aumentate del 4% circa, per la velocizzazione del *running-system* a 25fps, provocata dal riversamento in tele cinema

RusCiCo
Andreij Rubliov

La Campana (10)

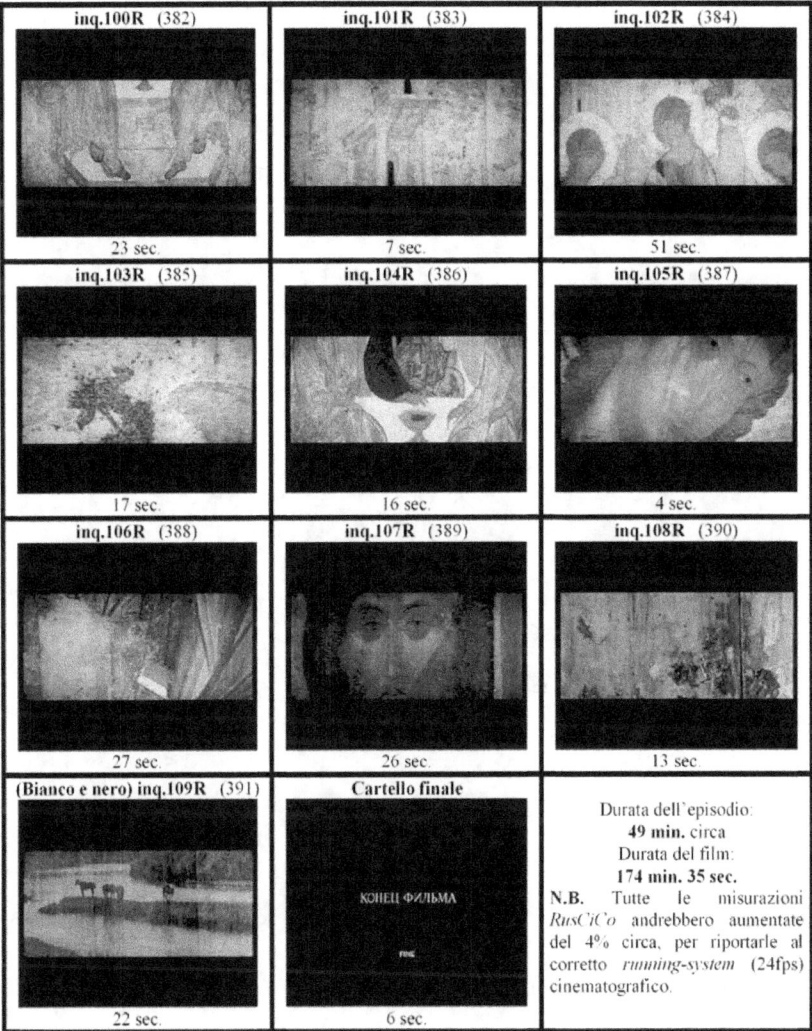

inq.100R (382)	inq.101R (383)	inq.102R (384)
23 sec.	7 sec.	51 sec.
inq.103R (385)	inq.104R (386)	inq.105R (387)
17 sec.	16 sec.	4 sec.
inq.106R (388)	inq.107R (389)	inq.108R (390)
27 sec.	26 sec.	13 sec.
(Bianco e nero) inq.109R (391)	Cartello finale	Durata dell'episodio: **49 min.** circa Durata del film: **174 min. 35 sec.** **N.B.** Tutte le misurazioni *RusCiCo* andrebbero aumentate del 4% circa, per riportarle al corretto *running-system* (24fps) cinematografico.
22 sec.	КОНЕЦ ФИЛЬМА fine 6 sec.	

Bibliografia

Borin F., *Il cinema di Andrej Tarkovskij*, Roma, Jouvence, 1989

Bachtin M., *L'opera di Rabelais e la cultura popolare*, Torino, Einaudi, 1979

Campo C., *Sotto falso nome*, a cura di Monica Farnetti, II ed., Milano, Adelphi, 1998

Chion M., *L'audiovisione. Suono e immagine nel cinema*, Torino, Lindau, 2001

Dizionario Enciclopedico Universale della musica e dei musicisti, diretta da A.Basso, Torino, Utet, 1983, Il lessico, II.

Sachs C., *Storia degli strumenti musicali*, Milano, Arnoldo Mondadori Editore, 1980.

Schneider M., *Il significato della musica*, Milano, Rusconi, 1979

Tarkovskij A., *Racconti cinematografici*, Milano, Garzanti editore, 1994

Tarkovskij A., *Collected Screenplays*, Trad.W.Powell-N.Synessios, London, Faber and Faber, 1999

Tarkovskij A., *Scolpire il tempo*, Milano, Ubulibri, 2005

Tarkovskij A., *Diari. Martirologio 1970-1986*, Firenze, Edizioni della Meridiana, 2002.

Tarkovskij A., *Andrej Rublëv*, Milano, Garzanti editore, 1992.

Tarkovskij A., *Andrei Rublëv*, London, Faber and Faber, 1991.

Turovskaya M., *7 1/2 ili, Filmy Andreia Tarkovskovo*, T.E.Borisova, Mosca, 1990*

Calabretto R., (a cura di), *Andrej Tarkovskij e la musica*, Lucca, LIM, 2011

Schaffer R.Murray, *Il paesaggio sonoro*, Milano, Ricordi LIM, 1985

Salvestroni S., *Il cinema di Takovskij e la tradizione russa*, Bose, Ed. Qiqajon, 2005

Vigni F., (a cura di), *Andrei Tarkovskij, Andrei Rublëv: Sceneggiatura desunta del film*, Firenze, Mediateca Regionale Toscana, 1987

AA.VV., *Andrej Rublev e l'icona russa*, Magnano, Ed. Qiqajon, Comunità di Bose, 2006.

Articoli e sitografia

Borin F., *Efim e la mongolfiera dell'arte.* «Arts and Artifacts in Movie-AAM-TAC», Istituti Editoriali e Poligrafici Internazionali, Pisa-Roma, 2004

CIMENT M. –SCHNITZER L. & J. *,L'artiste dans l'ancienne Russe et dans l'URSS nouvelle. Entretien avec Andrei Tarkovsky,* «Positif», 109, ottobre 1969

Kastinger-Haslinger M. M., *Der Film "Andrej Rublëv" von Andrej Tarkovskij.Eine Reflexion unter Einbeziehung filmtheoretischer und - geschichtlicher Aspekte,* Wien, 1998*

* http//: nostalghia.com/link

http//: vyacheslavovchinnikov.ru/en/content/

Fonti (DVD, CD, VHS)

A.Tarkovskij, *Andrei Rublev, "The Passion According to Andrei"*, NYC, The Criterion Collection , 34, 1988.

A.Tarkovskij, *Andreij Rubliov,* Campi Bisenzio (FI), General VideoRecording, 2005.

Andrey Tarkovsky. Andrey Rublyov, vol. 2, Toei Publishing Co., Printed in Japan,1995 (CD)

A.Tarkovskij, *Andrei Roublev,* Milano, UniVideo, 1991 (VHS)

www.ingramcontent.com/pod-product-compliance
Lightning Source LLC
Chambersburg PA
CBHW060505290526
45791CB00001B/270

*9 7 8 1 3 2 6 3 6 9 6 2 0 *